探索实践进阶
——一位中学班主任的教育四季

李志叶 著

河北科学技术出版社
·石家庄·

图书在版编目（CIP）数据

探索实践进阶：一位中学班主任的教育四季 / 李志叶著. -- 石家庄：河北科学技术出版社，2022.12
ISBN 978-7-5717-1428-4

Ⅰ．①探… Ⅱ．①李… Ⅲ．①中学－班主任工作 Ⅳ．①G635.16

中国国家版本馆CIP数据核字(2023)第015566号

探索实践进阶：一位中学班主任的教育四季
TANSUO SHIJIAN JINJIE：YIWEI ZHONGXUESHENG BANZHUREN DE JIAOYU SIJI

李志叶　著

出版发行	河北科学技术出版社
地　　址	石家庄市友谊北大街330号（邮编：050061）
印　　刷	河北万卷印刷有限公司
经　　销	新华书店
开　　本	787mm×1092mm　1/16
印　　张	12.5
字　　数	190千字
版　　次	2022年12月第1版
印　　次	2023年3月第1次印刷
定　　价	98.00元

自　序

从 1997 年到 2007 年，我在教师岗位上安稳地度过了教育生涯中的第一个十年。我喜欢积极应对挑战，也喜欢这份工作，却没有多少成就感。

在人的成长过程中，总会适时的遇到关键事件、关键人物。

2007 年与同样做教育工作的我敬重的兄长欢聚时，我们分享着彼此的进步与喜悦，兄长对教育睿智而深刻的思考与探索是令人难以企及的！他撰写的文章经常见诸报刊更是给我留下深刻的印象。我要试试。藉以平日些许的阅读习惯，冠之稿费的吸引，我开始留意、搜寻各种有关教育教学问题的征稿启事。伴随着撰稿、投稿而来的是一份份样报、样刊与一张张汇款单。文字变铅字的喜悦趋于平淡的时候，我用稿费换来一台笔记本电脑。五年业余生活的爬格子经历，在乱无章法中，留给我的是行动和思想探索中的十几万个深深浅浅的脚印。

时光流转。在探望恩师的一次交谈中，老师回忆起我们读书时的一个个细节，惊叹老师极佳的记忆力之余，同为教师的自己真切地体会到老师当年对我们的良苦用心。当我道出"调皮鬼"高考前夕的检讨书的后三分之一是我代写时，老师笑着"指责"了班级"好干部"——我。"稳定压倒一切"，这是我当时的认知。我敬重的恩师竟在交谈之后郑重其事地给我"道歉"，足见恩师治学与做人的严谨！只是，临别时恩师的话是不是在点醒我呢？

"做老师不当班主任，教育生涯终归是有缺憾、不完整的！"

这一年的秋天，我接管了令人"闻而生畏"的那届毕业班，同时接受了极具挑战的毕业班班主任之职。之前的探索，当付诸实践的时候，我预感到，自己教育生命中的春天来临了。

功不唐捐！

随着"生命语文"教育思想的扎根，"生命教育"的主张也在扎实的工作中得以构建，春华秋实。我和一群群鲜活的生命不是在教与学，也不是在经营一个又一个集体，而是在耕耘一方田园，经营一种生活。

郑英老师说，因来自一个美丽的小山村，所以我深深怀念着乡间的阡陌，也对忙碌于阡陌上的农人有着独特的眷恋情结。农人以特有的细腻精耕细作，所以说他们注重细节。他们注重细节而又耐心等待，所以说他们内心平和。他们内心平和而又关注生命，所以说他们充满关切。他们充满关切而又善利其器，所以说他们执着前行。联想到我们的教育，与农业耕作何其相似。农业耕作的对象是庄稼，它们有着各自的生长规律，稻麦桑麻，形态不一。教育的对象是学生，他们也有着各自鲜明的独特性，独一无二。如果农人眼中的作物是一个孩子，那么他们给作物编织的是一个成长的课程。如果教师眼中的孩子是作物，那么他们最大的智慧在于让孩子更加健康茁壮地成长。基于此，我自比"教育的农人"。

"教育的农人"何惧其多！

生命有限，我愿在教育教学这片肥沃的农田上精耕细作，践行着一位教育农人的"爱"与"责任"。

Contents>>> 目　　录

第一季　繁星漫天花香绕径 ………………………………………… 1
　凤凰城美哉，美哉凤凰城 ……………………………………… 2
　捧一个金秋送老师 ……………………………………………… 5
　我的教育初心
　　——做尾最活泼的小鲈鱼 ………………………………… 10
　沉下心来当教师 ………………………………………………… 14
　统编版和人教版教材对《春》的编选异同 …………………… 17
　精准施策，让乡村学校语文课堂绽放异彩 …………………… 22
　"少教多学"理念下的初中语文阅读教学 …………………… 26
　从教学走向教育 ………………………………………………… 31

第二季　扎根课堂枝繁叶茂 ………………………………………… 37
　衡量一节好课的金标准
　　——从学生的真正需求与实际收获设计、评价教学 …… 39
　课堂教学中的增味剂——肢体语言 …………………………… 40
　现代文阅读中"作用（好处）"题如何解答 ………………… 42
　作文成功秘诀：选材要严，开掘要深
　　——两篇同话题作文的对比阅读与评析 ………………… 49
　横看成岭侧成峰　巧妙观察精彩呈
　　——写作指导 ………………………………………………… 54

1

雏鹰展翅蓄势飞 ………………………………………… 58
让我们还课堂更多"人性、人情、人道"味 …………… 62
滴水成海　聚沙成塔
　　——我看语文教学中的"得" ………………………… 64
最美的遇见
　　——远程研修有感填词两首 …………………………… 65
破茧而出 ……………………………………………………… 66
基于学科核心素养的教学评一体化教学设计 …………… 82
"双减"背景下的"增值、增效思维"
　　——作业设计 …………………………………………… 85

第三季　悦纳生命幸福人生 …………………………………… 91

当离别拉开窗帘
　　——给我弟子们的一封信 ……………………………… 93
奋发读书，不负新时代
　　——写给女儿的信 ……………………………………… 96
乡村学校家校共鸣式教育探索 …………………………… 99
精引妙导，外号也可不惹"祸" ………………………… 103
我是这样认识学生的"偶像崇拜"现象的 ……………… 105
班级公约彰显出的魅力 …………………………………… 108
让操行评语为孩子成长一路引航 ………………………… 110
暑期补习班，到底谁要补？ ……………………………… 112
没有永远的后进生 ………………………………………… 114
同一制度　不同效果 ……………………………………… 116
鲁迅的《风筝》问世之后
　　——从儿童教育角度来理解 …………………………… 118
我们拿什么来敬畏生命 …………………………………… 120

第四季　潜心钻研拾级而上 …………………………………………… 123
　　把班主任成长说给你听 ……………………………………… 125
　　建构城乡班主任文化自觉实践探索 ………………………… 137
　　中小学语文教学"德智融合"探索实践 …………………… 145
　　中学语文教师专业理论与教学实践转化的探索实践 ……… 164
　　新课程理念下，精准课堂教学设计与实施策略 …………… 172
　　弘扬劳动精神促进教师专业提升的实践探索 ……………… 176

后记 …………………………………………………………………… 189

第一季 繁星漫天花香绕径

凤凰城美哉，美哉凤凰城

——写在建党100周年之际

凤凰城美哉！特别是惹眼景观如一幅舒展的长长画卷。

美哉凤凰城！标志性景观最能彰显一座城的文化底蕴。

利津人居住在黄河的摇篮中，是毫不夸张的事实；那么，利津城的景观建设美如画，这也是不争的事实。

凤凰城美哉！美哉凤凰城！

走遍凤凰城花红草绿春意绕，凤凰城风光无限好！小区公园、河边路旁，映入眼帘的处处是满眼深深浅浅的绿。那一丛丛叫上名的叫不上名的、那一株株熟悉的不熟悉的、那一串串开着花缀着果的，明黄明黄的芽，嫩绿嫩绿的柳枝，似瀑布倾泻，如染料喷洒的紫色的花、玫红的花哟，让这座黄河文化积淀丰厚的小城处处涌动着和谐的音符，充满着勃勃生机。大道旁一排排挺拔的法桐，黄河大堤边合抱之杨树、柳树，王庄大片的高大银杏林，生态园内翩翩的杉树，"大马"身侧虬枝盘龙般的迎客松，凤凰广场燃烧岁月的枫林，晓月湖和凤栖园造型各异的廊道亭榭、玻璃栈道、盆景树，层层分布，错落有致，构成凤凰城靓丽独特的风景……

不用说，这是凤凰城的建设者们付出辛勤汗水、智慧和心血的成果。三季有花，四季常绿是他们孜孜以求的目标。因此花红树绿越发在这座城市中占据了主要位置，成了主要的色彩。除了花和树，凤凰城东西为利，南北为津的交通网，每一条路都打造着各自的特色，从树木花草至景观装饰各有千秋，各有不同，每一条，每一段都有自己吸引人的风姿和魅力。

"智者乐水，仁者乐山"。凤凰城无山，利津人没有半点儿的遗憾，因为凤凰城横卧在母亲的臂弯。九曲黄河玉带般傍城而过，将她的温柔和厚爱无私给予了世世代代深爱她的利津人民后归入大海，母亲河为利津这座城增添了无尽的灵性。

夏季的清晨或是傍晚，沿着平整的护堤大道安步当车，不需多久，即可进入一片悠闲的新天地。清新的空气中夹杂着瓜果的甜味扑面而来，大堤下面大大小小的园子里红红的苹果、大个儿的鸭梨、整片的草莓、串串的葡萄、诱人的桃子，总有一样或几样勾得人口水直流。或许就在你走累了坐下歇脚的巨石旁，藕塘中几朵荷花间的鲤鱼正在静等你的欣赏，呼朋引伴来吃农家宴的人儿都喜欢和店门前栩栩如生的煎水煎包的铜人像合影……瓜果与游人并列成趣，民俗与文化相映生辉，人文与景观相伴如画，就连位于黄河大桥以南的顺和浮桥也添加了凤凰城的特色。

真美啊！变化太大了！欣赏到这么美的一切，你难免会发出这样的感慨！难免会对构筑这些美景的创造者报以深深的感激！是啊，一座城的美离不开所有创建者的辛勤装扮。他们就是这座如诗似歌般美丽城市中最棒、最称职的设计师，他们无时不在用智慧和汗水在勾勒、在实践、在反复，将文化融入建设之中、将生机植入发展之中、将大爱播洒在崛起之中！大到一条桥梁的设计，小到一块石头的造型切割，都用脑用心用力，反复思考，不断尝试。

前人栽树后人乘凉。不错的，正是一代代利津人打造出这样一批批靓丽景观，正是他们为工作劳累后的百姓创造了这样一个个好去处，也正是他们建设了一处又一处可悠闲纳凉乃至观景的文化广场、学习充电的图书馆、积淀历史的博物馆，为大美凤凰城增添了无穷的底蕴和无尽的情趣，为百姓的生活提高了品质，让人步入其中流连忘返，沉醉忘归。

沐浴着夏日的晚风，荡漾着流光溢彩的霓虹，沿着津二路踩着崭新而平坦的步行道，心中的美就会无限地升腾升华，那一道道景观，白天铁骨铮铮的建筑摇身一变，成为灯光下抚琴浅吟的女子，越细品越耐看，越有味儿。

良禽择木而栖，景观配套而设。大建设带来凤凰城的大发展，大发展同时又推动了利津城的大建设。君不见那鳞次栉比的高楼大厦，那成片的景观，那美丽的绿色，点缀着这座如诗如画的城市？一枝一叶总关情，生态园中那一条用间隔石板拼成的仅容一人可过的小径，或一块块叠加到远处绿地高坡之中，或带你走入塘池边缘，或延伸到沿岸两旁的绿树层中；还有在黄河岸旁筑就的那曲曲折折的、足以让你与自然亲密接触的、掩藏在花红柳绿中的长廊，不正在彰显着人文要素和与自然相协调的大美景观吗？

到远处去，远方的景色很迷人。这曾是多少人追求过的梦，也是多少人正在行走着的步伐？然而，在凤凰城这样的想法就可能不再拥有，仿佛随处就能发现自己的最爱。这里似乎是各地美丽鸟儿集聚的天堂，这里似乎就是海产品和瓜果的故乡，这里的确是人间的天堂。你瞧！就连那展翅凤凰也赫然立于利津城中心广场之上。独具特色的文化艺术中心地标建筑魅力十足——这不正是一辈辈利津创建者铸就的不朽丰碑吗？

凤凰城美哉！美哉凤凰城！

捧一个金秋送老师

木铎金声,春华秋实。9月,教师节踏着轻盈的步子缓缓而来。对每一个人来说,在我们从顽皮稚童到青涩少年再到风华青年的生命历程中,老师是最值得我们尊重和感恩的人。他们虽然生活清苦,却情系祖国未来,心联学子之心;虽是一烛微火,却燃尽自己,照亮别人。

金秋九月,空气中弥漫着感念师恩的情绪。尊师重教是永远的美德。过去的、现在的、将来的,所有的教师都应该享受崇敬与祝福。

一、知识长廊

我国的教师节

教师节,是我国仅有的包括护士节、记者节在内的几个行业性节日之一。自1931年以来,我国在不同历史时期共有过4种不同日期和性质的教师节。

我国历史上最早出现的教师节是1931年。当时,教育界知名教授邰爽秋等,发起联络京、沪教育界人士,拟定每年6月6日为教师节,并发表《教师节宣言》。

鉴于"六六"教师节是教师自发组织设立的,国民党政府没有承认。1939年决定另立孔子诞辰日8月27日为教师节,并颁发了《教师节纪念暂行办法》,但是当时未能在全国推行。

1951年,中华人民共和国教育部和中华全国总工会共同商定,把5月1日国际劳动节也作为教师节,由于各种原因,这个教师节实际上逐渐销声匿迹了。

1984年12月15日,北师大钟敬文、启功、王梓坤等教授联名,正式提议设立教师节。1985年1月21日第六届全国人大常委会第九次会议确定,每年

9月10日为中国教师节。从此以后，教师便有了自己的节日。

教师的十个称谓

老师——最广泛流行的敬称　　　　先生——最历史悠长的尊称

人类灵魂工程师——最富哲理的称谓　　园丁——最质朴无华的称谓

慈母——最真情感人的爱称　　　　春蚕——最纯挚的称谓

红烛——最温馨动人的称谓　　　　孺子牛——最具中国特色的褒称

春雨——最生动形象的喻称　　　　人梯——最高评价的专称

二、感念师恩

我捧出一颗感恩的心

俄国作家别林斯基曾说："人可同赋予的人性得以发展，这好比把林间的野生植物移植到庭院中，经由园丁一番培育，它会开鲜艳的花，结美味的果。"不正是这样吗？我们每个人在接受教育之前，都不正像一株幼小的"野生植物"吗？而这里的"园丁"，又多像是时刻引导我们走向成功的老师啊。

回首十几年的泪与笑所承载的人生轨迹，其中不乏老师谆谆教诲的美丽回响，殷切关怀的涓涓清流。于是，在教师节来临之际，我捧出一颗感恩的心——

喜欢语文老师的儒雅。拂手挥下一袭长袖，散发出兰草的幽香，将我们引入到一个诗一样的世界。在这个"马疾过飞鸟，天穷超夕阳""飞流直下三千尺，疑是银河落九天"的梦幻般的思想王国里，我们无数次地沉醉其间。

喜欢数学老师的缜密与严谨。一圈一点之间，便勾勒出钻石般的菱形，大厦般的矩形，魔轮般的圆形，更有宛若轻云般的曲线，充满逻辑也不乏无限想象的数形天空中，写满了我们对真理的渴望。我们的数学殿堂啊！

还喜欢科学老师的博识，喜欢历史老师的深邃，喜欢体育老师的阳光。

如果说我们是充满稚气又不失鲜活的鱼儿，在求知的学海中畅泳，那么老师就是用心托起我们绚烂明天的浪花；如果说我们是久未经风雨的稚嫩禾苗，仍在逐梦的干裂土地中挣扎，那么老师就是浇灌理想的甘霖！

有人说老师是春蚕，是红烛。也有人说老师是在教育这个大花园中辛勤耕耘的园丁，是人类文明承前启后的工程师。我想说，老师啊，您是引领着我们去缔造一个全新世纪的高明设计师，是您用智慧与汗水让我们变得潜能无限，智慧无穷！

师恩深重重如山，师恩源远长过河。无法抑制自己心中涌动着的热血，唯有用我虔诚的情感，面对您海一样的胸怀与山一般的恩情。

感念师恩。

我为师者更念师

最近学校里对学生进行感恩教育，举行了"我爱我师"的征文比赛，在指导学生写作征文的过程中，我记忆的闸门忍不住打开了。

清楚地记得，读书的时候自己虽是女孩子，但对学习不是很热爱，尤其是从三年级开始学写作文，我最痛恨作文课了，即使是写，也是在家长的督促下指导下无奈而为之。因为不擅长观察生活，也就没有好的材料来完成课堂上老师布置的每一篇作文，要上交的时候，总是东拼西凑，顾左右而言他的应付了事。这种状况一直持续到初中一年级。

到了初中，教我语文的是本村的李老师，他的课讲得比较生动，我们都喜欢上他的课。有一次他布置了一篇作文，题目是《童年趣事》，当时因为我的童年中恰好有一件让我记忆犹新的事，因而我也就认真地去对待这篇作文，大概也想给新老师一个好印象吧，又因为那是发生在自己身上的故事，所以也就驾轻就熟，写的畅快淋漓。

到了作文讲评课，老师说要将本次作文中比较优秀的当作范文来读一读学一学。第一篇读的竟然是我的作文！只见老师展现给大家的是满篇圈圈点点的我的作文。当时的许多话我已记不得了，但依稀记得当时老师好像说过：就这一篇作文看来，这个同学的作文文采比得上初三同学的作文水平，那是因为这个同学善于观察生活，而且写出了自己的真情实感。如果在这一方面继续努力的话，一定会写出更优美的文章来。接下来，老师因势利导，给了习作充分的肯定，并且说只要擅于观察生活，养成一种习惯，就会有所感、有所悟。当时心里就想：老师说我的文章能比过初三的大哥哥大姐姐了？那么我一定要写好作文，不辜负老师的褒扬之词和殷切希望！以后的日子里我爱上作文了。

当年那堂作文讲评课，对我大有裨益，对我的影响至关重要，老师没有因为我以前的拙劣表现而看轻我、将我"一棒子打死"，而是在取得一点点进步的时候，给予我适时的鼓励和及时的肯定，以至于从此我喜欢上了写作，喜欢上了读书，直至从学生时代到踏上了工作岗位，长大了，成熟了，年少时的激情退却，却一直养成一种习惯，洞察生活，能够对生活有所感悟，这对我来说真的是一笔财富。

在一个人的成长过程中，老师充分肯定的话往往是一种成功的教育理念，是一剂良药处方，会让我们重新地看待自己看待世界，充分肯定的思维方式会带给我们更多的自信，可以说是自信的催化剂，让我们脆弱的心灵及时得到精神的补给和呵护。

将近二十年过去了，在对学生进行感恩教育的特殊日子里，想起这位老师，感念师恩，我记下了这段文字，谨祝我的老师永远健康快乐！

三、献给老师的歌

九月，金色的季节；九月，温馨的季节；九月，天真烂漫的季节。

迎着收获的秋风，愿您幸福快乐每一天。老师，是您把我们引上知识的航船；老师，是您指引我们畅游人生的海洋。我们成功了，您是我们的老师；我们成名了，您还是我们的老师。

教师，一个承载太多社会义务与历史责任的名词。您虽然生活清贫，却情系万户千家，心系万千学子。您燃烧着自己，照亮着别人，一年又一年，您用生命点燃未来。一个好老师是一笔财富，一个具有爱心的老师是学生的生命阳光。海伦感觉到阳光雨露的真实，走出了生活的低谷。因为师爱是她的眼睛。

有人说："推动世界的手是母亲的手。"而我想说："推动世界科学进步的手是教师的手！指引科学之路和学生前进之路的心是教师的爱心！"

不论我们有何惊人的业绩，您永远是我们的老师！

爱让世界变得美丽，爱给人们带来希望，爱让生活充满阳光。我们因为师爱而幸福，我们因为师爱而刻骨铭心。

让我们唱起来吧！庆祝伟大的 9 月 10 日；庆祝光荣的 9 月 10 日。这是一首献给全天下老师的歌！

我的教育初心

——做尾最活泼的小鲈鱼

"叶子,到底报什么志愿啊?晚自习,我保证班主任又来催!"同桌小单子在我耳边聒噪个不停,我将头扭向右侧继续趴在课桌上犯迷糊。

"师范包分配,就报考这个吧。李老师!嘿嘿——"同桌闭嘴的同时,胳膊肘朝外对着我的后脑勺狠狠一"拐"。于是,当晚正式填志愿报表,我俩最先完成上交。

"听李老师,我!跟你们道来——"正当我想开导开导志忐的同学们时,班主任边敲门玻璃边吼道:"上课前迷迷瞪瞪,放学后扑扑楞楞!熄灯睡觉!"

估摸着老班走后,单子压低声说:"李老师,还念睡前诗吗?"

"如果你不能成为一丛灌木,那就当一片草地;不能是只麝香鹿,那就当尾小鲈鱼,但要当湖里最活泼的小鲈鱼。"我低沉地吟诵,"不念白不念。念完啦,睡觉喽!"

大学毕业后当我选择了离家最近的初中学校,母亲脸上的皱纹顿时舒展了许多。

第一年让我教初一政治。在"皮裤套棉裤,必定有缘故""老鼠怕猫,那是谣传,团结起来把他干翻""俺是活泼的小鲈鱼"的段子声欢笑声中,同事乐教我乐学,日子过得悠然。

第二年开学,连续三天被传唤校长室谈话,主题是——你得教初三语文!"应用电子技术专业是非师范专业。"对方听不见!"电教系是理工类啊。"对方听不见!"高中我学的是全理啊。"对方听不见!"你一定听说过一年前我得过脑出血吧!"每次总是用这一句封口并扫我出门。吓!这个领导真是比女人都难缠。我败下阵来。

和一群小伙伴的"分手"换来了一位亦师亦友的"新欢",不赔尚赚。

仙气晚成的芳芳老师和我教平行班。看我满脸愁容,芳姐说:"照我学,慢慢来!"教案——半字不差的照抄她的,课——听后一句不落得照搬她的,作业——绝不与她布置二般。整天整天地我成了芳姐的徒弟加跟班。

25年前农村学生的教辅材料还和当时我的脑子一样——空白一片。一天,进城而归的芳姐笑的那个灿烂哟。咋,这是走了桃花运了?正当我要问出口她却相当神秘的塞给我厚厚一本《三点一测》。翻开刚看两眼,肚里明明没货却硬叫上我去厕所,在165的芳姐的半拖半拽之间,怎会有容我反抗的半点空间。

我淘换了一块钢板和一只铁笔!咱俩一人负责一课,把那本书上的题都刻出来再印给学生做!——芳姐那么英明神武的一个决定就随便诞生在了臭气熏天的茅坑上。

钢板——30厘米长,10厘米宽,0.3厘米厚的精钢板,反正两面都刻有细密的斜纹;铁笔——笔杆与普通钢笔无二,笔尖却是直径为0.1厘米的铁针。这就是芳姐给我俩备下的精良装备。

自此,办公室再也听不到我逗趣的笑话,校长真该感谢芳姐;牌桌前牌友们常因五缺一开不了"钩机大战"而嚎叫我大名;教导处老胡主任因为我总去讨要刻字蜡纸而质疑我新添特异功能——吃蜡纸上瘾。

用铁笔和钢板刻字,那纯是一项技术活儿!

桌上放钢板,钢板上再铺上蜡纸,然后用铁笔在蜡纸上面"刻"下一个个字。和平常写字一样?NO!NO!NO!你得每笔每画都用力才行,不然刻不去蜡纸上的蜡油,就印刷不出字。那好,我用力写行了吧?更不行!你用大了劲儿,薄薄一层蜡纸那是如婴孩皮肤一样柔韧,在钢板和铁笔之间极容易戳出洞或孔,到印刷时那些洞或孔处就漏出一摊摊的墨,整张卷子就变成花儿——废喽。

寒来暑往,面对近乎枯燥的工作,我的内心几乎是崩溃的。

夏天,上完课的芳姐汗水湿透衣背,在办公室坐着刻题,她脸上汗水滴答,只见她将左手四指并拢略弯曲后在额头上从右到左一捋,然后再将左手满把的汗水狠狠地往身后一甩,地上多出一条绷直的水痕。胖子怕热、女人是水做的——一点儿也不假。

冬天,手下的钢板刺骨的冷,每刻一行,她总是用左手掌心搓搓右手小指再继续,时间久了,她也会在双手间哈口气。当我无声地递给她冒着热气的水杯时,她会手捧着水杯嘴围着杯口螺纹吸溜一圈后冲我憨憨地笑,然后继续一笔一画继续刻题。每每看到这些,我就为自己想放弃的念头感到羞愧。学期末,我的"任务"好歹算是没被芳姐落下。就是不知她在前面拖得累不累。

在四面漏风的一间小屋里,我左手扶着上面沾满我俩心血的蜡纸的木框,右手推动着沾满油墨的辊子,芳姐掀过每一页印好的试卷。每一版我俩都要重复近三百次这套动作。手上、脸上沾满油墨无足轻重,看着那用一个半月工资换来的"波司登"上着墨,不是心疼,而是心、肝、脾、肾、胃,外带肺和肠没有不疼的地儿!芳姐就给我讲师专教授讲给他们的"那个啥"的段子,等太阳从门口照进来爬上我的脚的时候,陈师傅也该拉动敲铃的绳子了。半日寒冬就在我的抱怨、芳姐的哈哈中溜过。

某年中考前的最后一套模拟题轮到我刻板,到最后的作文题目,芳姐按往年考题惯例让我刻上一大一小两个作文题目。我是想偷懒加上之前偶尔瞥见的济南模拟题只一篇作文,所以私自做主少刻了一篇小作文。后来老主任批评说我把芳姐气哭了,我压根儿不信"弥勒"级别的芳姐还有流泪功能。因为我都面对面反抗她逼我刻题多少回了,回回儿接回的是一团烂棉花。你说也是邪门了,那年的中考出题者居然和我一样一样的懒!竟然只出了一篇大作文。我怕临场的自己把戳疼芳姐心底的道歉化成赤裸裸的炫耀,简单的一句"对不起",就三个字却一直没勇气对芳姐说出口。多少年压在心底,时间却把它锻铸成了一把熠熠生辉、可以传承的宝剑。

"红酥手,黄縢酒——",埋头刻题的我知道,芳姐准保是站在办公室中间开讲并俘获其他姐姐们的几声叹息去了。

"走,我们捡柴去——"说话自带扩音器的芳姐居然在大喇叭里、在全校师生联欢会上朗诵诗去了。随着那肉乎乎的左手的挥舞,芳姐口中的一根"柴火"

带着火星儿穿过耳膜扎入顶级膜拜者的大脑。

"鞋底又磨透了,你看!"刚晨练完的芳姐一手甩着汗一手举着运动鞋。再后来闺蜜告诉我,调往城南的芳姐成了仙女——现在瘦成了一道闪电!

这些年我们各自站立在属于自己的讲台上。当年的幼苗渐渐成长为一棵棵大树。

当接过比钢板厚的奖金时,喜悦霸占了头脑;当与工作多年的学生再见激动相拥时,欣慰统治着心扉;此刻瞥见书橱内的证书和奖章,感恩涨满我心间,泪水盈满我双眼。

敦厚做人,踏实做事。我紧赶慢赶追随的是芳姐的步子啊!庆幸自己报考师范,更珍惜当年能与芳姐并肩作战!

沉下心来当教师

俗话说得好：让人们去做当前流行的事情，这没有问题；能让人们去做正确的事情，这才是关键。教师就是在教学生做人做事，我们需要努力，让自己变得更加优秀便不再是梦！

随着生活节奏变快，生存压力增大，我们更多的人往往不是关注内心，注重体验，而是过于在意外在的得与失。刚付出一点努力，就想收到立竿见影的丰厚回报，缺乏等待的耐心，缺乏从容的气度。浮躁是一种现代流行病，自然就会传染给学校，传染给我们教师。眼见有的老师经不住诱惑，心境变得浮躁起来，头脑变得空虚起来——追名逐利，弄虚作假的可能有；不学习新知识、不研究新教法，热衷于满堂灌和填鸭式教学的也可能有；甚至追名逐利的又有谁能保证没有呢？我认为教育是一项需要长期投资的事业，教师的工作需要扎扎实实，任何热闹的包装、宣传、炒作，都不能替代实实在在的一堂课，一本本的作业，一句句的引导。

静下心来当老师，受益的是我们的学生，也是我们身边的每一个人，而最终受益的是我们自己。静下心来做好日常的小事、琐事，就是教师的奉献。奉献是教师的责任，它不追求及时、现在的幸福。静下心，看似是一种状态，实质是一种境界，一种修养，一种矢志不渝专心于教育的精神品质。

潜下心，看似一种行为，我觉得它更是一个要求，一个准则，一个走进学生心灵、漫步课堂教学、涉入科研领域的基本要求。在当前的形势下，我们谁能做到这个基本要求，达到这样一种境界，谁才是人民满意的教师。

我们既然选择当教师，注定要肩负起培育祖国未来一代的重任。如果抱着一种功名利禄之心从事我们的工作，从个人来讲，必定一无所获，也根本不可能收获到什么幸福和快乐；从培养学生来看，有百害而无一益，进而危及的是学生的一生，也必将阻碍整个社会的发展和进步。因此，我们都应该从自身做起，让教育工作融入自己的生活中，融入自己的血液中，成为我们生命的一个组成部分。

今年我教毕业班，开学两个月以来，我们这一届学生明显有了一个飞跃，学生由开学时的散漫无序状快速适应了九年级本该有的紧张有序的生活。我设计了每月年级明星和每周小组明星评比活动，目的是引领学生参与到学习、自我管理中去。但是，管理学生是一件细致而烦琐的事情，目前，我班存在着部分学生学习习惯尚不够好的情况，学习不够自觉。尤其有一个女孩，叛逆心很强，在家和父母顶撞，在学校不能专心学习：几次找低年级学生的茬，晚上在宿舍打闹，白天在课堂上睡觉。老师对她提醒的次数多了，她还很委屈。但她课下，在班里积极性很高，喜欢帮老师和同学做事。有一天，我正在奖励值日班长，她说她啥时候能得到班主任亲自签名的本啊，我灵机一动，趁大课间的时候单独找她谈话，表扬她的进取心，但落实到行动才是关键，才能得到我的奖励，她满怀信心地点着头，后来的几周，她有了明显的改变和进步。但是，她的随性性格不是一两天能改好的，自我约束也是一时有效。后来她又开始有点不"自觉"。所以，我想，对待这样的孩子，教师就应该多一些耐心，多一些关心，多一点细心，才能真正让孩子感受到你对她的关爱，真正教学生学会生活、学会学习。

古人云："弱水三千，只取一瓢饮！"一位合格的教师，一位敬业爱岗的教师，不仅要具备学富五车的渊博知识，神采飞扬的青春风采，大海般广博的胸怀，还必须具备牺牲、果敢、奉献与忠诚等坚韧意志的师德品质。我们选择了教师，理应自觉养成良好的师德师风，以言传身教、思想育人、榜样育人，为国家培养更多的优秀的人才。一名优秀的教育工作者就要勇于创新，奋发进取。多年来，我已习惯独处，用于思考教学的得失、教育学生是否得当，并在日复一日的平淡、平凡的工作中不断找到新意。每天的工作表被我排得满满的，外人看来也许平平淡淡，甚至有些婆婆妈妈，但我却从中深刻地体会到——爱与责任是师德的灵魂,学识魅力与人格魅力是师德的最高境界。教师的魅力是德才兼备的升华,来源于对学生的博大的爱心、对事业的无限忠诚,来源于渊博的学识、教书育人的能力和从不满足的执着精神。

诸葛亮曾说:"夫君子之行,静以修身,俭以养德。非淡泊无以明志,非宁静无以致远。夫学须静也,才须学也。非学无以广才,非志无以成学。淫漫则不能励精,险躁则不能治性。"他认为,君子只有静心才能够培养修养,陶冶情操,才能做好学问,明志致远。这与我们教师要静心教书,潜心育人真可谓异曲同工啊!

教师到底怎样才能让自己的心沉下来呢?

要严于律己,志存高远,不断加强师德修养,把个人理想、本职工作与学校发展、学生幸福紧密联系在一起,树立高尚的情操与追求。如此,才能静心教书,潜心育人,才能努力做受学生爱戴、让人民满意的教师。

要淡泊名利,远离名利的争斗,力求心境的纯洁,课堂的和谐,为了教书育人这项事业,为了一级又一级的学生,兢兢业业,勤勤恳恳,任劳任怨。如此,才能静心教书,潜心育人,才能努力做受学生爱戴、让人民满意的教师。

要安于寂寞,乐于进取,勇于奉献。我想,任何一所学校的发展最根本的当推教育的发展,这便需要教师安于本职、潜心钻研、积累经验,日臻成熟,成为具有教育智慧的人;教师队伍建设需要安于寂寞、乐于进取、勇于奉献,能够继承和发扬老一辈教师精神的人。如此,才能静心教书,潜心育人,才能努力做受学生爱戴、让人民满意的教师!

统编版和人教版语文教材对《春》的编选异同

摘　要： 我国初中阶段的语文教材有人教版、统编版、苏教版等不同版本，教材版本的不同导致其在文本编选上各有特点。统编版和人教版教材是我国应用较为广泛的两套教材，本文将以七年级语文上册《春》这篇文章为例，论述对统编版和人教版教材上在文本编选上的异同以及相关思考。

关键词： 统编版语文教材　人教版语文教材　异同探讨

教材是教学活动的指南，也是教师组织教学活动的重要工具。语文教材的编写方向在很大程度上决定着教师的教学方向，教材编写质量也和语文教学质量相辅相成。《春》是我国现代作家朱自清先生的代表作，作为一篇散文，其文学价值很高，对该文章的学习，能够锻炼学生遣词造句的能力，有效提升学生的文学素养。因此，笔者将借统编版和人教版语文教材对《春》这篇文章在文本编选上的区别，浅谈几点对当下语文教材编写的思考。

一、统编版和人教版语文教材在《春》的文本编选上的异同

（一）相同点

统编版和人教版语文教材都将《春》安排在七年级上册第一单元的第一课。在心理学中有一条关于记忆的著名理论，即首因效应。该效应是指个体在对记忆材料进行记忆的过程中，相比于材料的中间部分，往往会对材料的开头部分和结尾部分具有更深的印象。对于初中阶段的学生而言，这一时期学生在认知能力以及心理发展上都有了质的飞跃，也都以更加饱满的精神状态和成熟的学习态度来应对这一时期的学习活动。因此，《春》作为学生在初中阶段语文学习中所接触到的第一课，相比于后面的课文，其教学效率无疑是最好的。无论

是学生对文章内涵的理解，还是对知识点的记忆，都会有更好的表现。因此统编版和人教版语文教材对《春》这篇文章的编排顺序也能够体现出对《春》都有同样的重视程度。而在课后练习设置方面，两个版本都包含了情感挖掘、文本背诵等板块，对修辞手法的练习也是两者课后练习题的设置重点。

（二）不同点

通过对统编版和人教版两教材在目录上的对比我们不难发现，人教版语文教材就七年级上册而言共有6个单元，其中，每个单元分为5篇课文，即总数为30篇。统编版虽然也有6个单元，但是每个单元则只有4篇课文，即总数有24篇课文。因此，我们首先能够在课文总量上发现统编版相比人教版教材数量更少。对于学生而言，统编版教材能够有效减轻学生的学习压力，同时也实现了对教师的减负。在对文章性质的调查中也发现，统编版虽然在课文数量上较少，但是其课文数量在名著导读、课外阅读以及写作练习上是呈上升趋势的。而在文章要求方面，人教版教材对学生的学习要求在标准上比较笼统，除了必须掌握的基础知识以外，更加注重的是培养学生发现美、记录美以及表达美的能力；统编版教材在学习要求上则更加具体，除了通过对《春》这篇文章的阅读来掌握文章内涵以及情感表达之外，还要求学生体会和掌握"比喻"和"拟人"等修辞手法，要求学生通过对季节美景的欣赏来表达自己关爱自然的情感。而在助读方面，统编版在课文导读板块的安排上具有一定创新性，在教材中通常以预先设问的方式引导学生带着问题对文章进行阅读，这样对于提高学生的阅读效率、巩固学生的阅读成果具有重要帮助，而人教版教材则更注重对文章各个段落的分析解释，这些提示对学生在对文章内涵的挖掘和探索中也能发挥积极作用。虽然统编版和人教版语文教材在对文本的编选上存在很多不同，但是这些不同更多是对彼此优点的体现。两者在教学中的关注点不同，从而引发文本编选上的差异，这些差异并不会给教师在对两种教材进行教学时带来教学质量上的差别，相反，它们更多作为教学特色的体现。

二、对统编版和人教版语文教材在《春》的文本编选上的思考

（一）将作者的创作意图作为编选核心

《春》是我国著名作家朱自清先生的一篇经典散文，该散文无论在文章内涵还是写作手法上都具有较高的文学价值。因此其早在新中国成立前就已经入选我国中学阶段的语文读本，其经典性不言而喻。而统编版和人教版语文作为我国两个版本的教材，在对教材内容以及入选文本的编选上，也都根据彼此的教学理念进行了调整。通过对统编版和人教版语文教材中《春》这篇文章在文本编选上的对比，我们不难发现，其最明显的就是对一些文字的改动情况，例如统编版中常常有"乡下去""农夫""草屋"等词语，而在早先的人教版中，对上述词语则有不一样的表述，这些改动虽然都是为了适应当下初中阶段的语文教学，但是在改动中我们首先要做到对创作者的尊重。每篇文章作为创作者智慧的结晶，都融入了创作者的无数心血，因此我们在将文章选入语文教材时，首先要做到对文章原意的把握，在文章内涵和创作意图不被破坏的前提下，对文章细节进行调整，这不仅是对创作者劳动成果的尊重，也是对文章文学性的保留。每一篇经典文章之所以能成为经典，其不仅具备着一定的文学价值，同时还兼顾了时代的烙印，文章中每个字句的使用都是作者在无数推敲和思考下确定的，因此对创作者神韵的保留对于教学质量的提升也具有重要意义。

（二）将学生的认知水平作为重要依据

初中阶段的学生无论在认知能力还是在社会阅历等方面都有了巨大的进步，这一时期激发学生探索欲和求知欲大有裨益。然而，初中阶段学生的认知水平虽然相比以前已经有了质的提升，但是相对于成熟个体而言，仍然具有较大的局限性。在《语文课程标准》中也曾强调，"教材编写应该符合学生的身心发展规律，适合学生的认知水平，结合学生的经验世界和想象世界，以此激发学生对语文学习的积极性"。而在语文教材中，其收录的很多经典作品都具有强烈的时代性，这些经典作品跨越了时间，呈现在学生面前，但是当下学生的认知显然和创作者所处的年代具有巨大差别，在对字词的使用以及语句节奏、

韵律等方面都会存在一定的差距,这些差距也是影响学生对文章理解能力和阅读能力的重要因素。因此,不同版本的初中语文教材在对文本编选时的改动应该从学生的认知水平出发,例如在《春》这篇文章中,其中有一句话在人教版教材中的描写是"鸟儿将巢安在繁花嫩叶当中",而在统编版的教材中,则将这句话改为"鸟儿将窠巢安在繁花嫩叶当中"。这两句主要是"巢"与"窠巢"的区别,从句子整体来看,显然鸟儿作为主语,对"巢"的使用能够使句子看起来更加简洁,并且对于初中阶段的学生而言,"巢"也更容易理解,而"窠"相比而言则更显生僻,不利于学生理解。当然,改动之后更符合现代汉语的使用习惯,更可以体现汉语的音律美。

（三）将学科特点以及时代发展作为重要参考

教育作为一个动态化的过程,其重要目标之一就是向社会输送高素质人才,以此推动社会的发展,因此教育是否具有时效性显然对人才培养质量能够带来巨大影响,而在对初中语文教材的文本进行编选时,也尤其要注重语文的学科特点以及当前时代的发展变化。当前,我们所使用的现代汉语作为一个不断发展的动态事物,已经形成了成熟的规范体系,然而在朱自清先生创作《春》这篇文章时,正处于文言文与白话文的过渡阶段,彼时对汉语的使用尚没有形成统一的规范,因此在那个时代背景下所创作的文学作品,从当前现代汉语的视角进行阅读,无疑就会出现很多不合理之处。这些问题对于初中阶段知识积累尚显薄弱的学生而言,显然就是阻碍其理解文章的关键因素之一。因此,在对初中语文教材进行文本编选时,对文章的改动要结合语文学科特点以及当前时代发展,通过对文本的修订,在确保其主题不被改变的前提下,将经典的文学作品转变为更符合现代汉语阅读习惯的内容,使得对经典文学作品的学习更符合学生的认知发展规律,从而确保语文教学质量的提升以及学生语文综合素养的提高。

以《春》为例,通过对统编版和人教版初中语文教材的比较我们能够发现,两者虽然在对文本的编选上存在一些出入,然而并无优劣之分。不同版本的教材内容之所以出现差别,仅仅是因为教材编订大纲在编定要求和方向的不同。

因此，教材内容上的差别更多是对教材特色的体现，是对其所属地区语文教学习惯的总结，从人教版到统编版的发展过程也体现着时代对语文教学的不同要求。当前，初中语文教材仍然保持着不断更新的趋势，未来随着时代的进步，还会有更多优秀作品被收录到初中语文教材中，因此，我们要更多秉持着发展性的、批判性的眼光看待教材，结合语文教学特点以及学生的认知发展规律，将教材价值最大化，以此确保初中语文教学质量不断提升。

精准施策，让乡村学校语文课堂绽放异彩

精者，身之本也；准者，水之平也。运用精准教学，乡村学校语文课堂焕发魅力，教师以学生为中心，掌握每个学生差异特点，再个性化施教实现个体成长，从"知识的传授—能力的内化—素养的提升"，来达到千人千面个性发展，最终培养具有"人文底蕴、科学精神，学会学习，健康生活，责任担当和实践创新"全面发展的人才，乡村学校也可实现为社会输送具有竞争力的现代人才的目标。

随着城乡融合发展，越来越多的原本在农村就读的学生随着父母转到城市落户上学，此种浩浩荡荡的大迁徙，令乡村学校的教学受到前所未有的重创和挑战。面对优质学生的流失、班级平均分的崩盘、沉闷压抑的课堂，如何让"袖珍"后的语文课堂焕发独特的魅力呢？

一、精准预设，建构基于"学生感受和疑问"的课堂学习支架

在我们鲁北地区，越是学习成绩优异的学生，家庭买房、举家搬迁的动力越大。班级内缺少了昔日的"主力军"犹如羊群中没有了领头羊一般。课堂上只剩下问而缺少了答；只剩下滔滔不绝的统一漫灌缺少了个性的差异理解；只剩下无休止的大面积刷题缺少了真疑问形式的探究。语文课堂变成教师教得乏味，学生学得疲惫。因此，建立科学有效的语文课堂迫在眉睫。随着探索的深入，思路逐渐清晰。我们追求的是着力培养学生主动学习和勇于创新实践能力的语文课堂，这样的课堂上的学生得真读书，对文本有自己的疑惑；教师也得真倾听，让学生的疑问在合作、探究中得以解决。于是，基于"学生感受和疑问"的语文课堂新理念在我校开始实践。师生同读文本，学生提一切可提的问

题或感受，教师梳理学生疑问，课堂上师生共同探索答疑解惑。二十个人的课堂，有时犹如千军万马，激烈的争论有了；有时犹如空室，沉静的深思有了；有时犹如竞职演说，慷慨激昂的不吐不快有了。在学《背影》一课时，老师让每一位同学思考一件以前为父亲做过的好事，一句对父亲说过的感恩的话，或是父亲为自己做过的一件好事、一句含有哲理的话语等。老师引导学生将语文学习和生活结合起来，积极参加一些社会实践、角色扮演，这些环节帮助学生树立起了创新与实践的意识。不仅能够加深学生对文章内容的理解，促进语文素养的提升，还能使学生学会感恩，在生活实践中回报对父亲的理解和爱。阿基米德说过"给我一个支点，我就能撬起地球"。我的体会是——只要给农村的孩子们搭建一个精准的语文课堂学习支架，他们个个都能爆发出语文学习的小宇宙！

二、精准课服，开设"结对""部落""小组"等课堂学习活动形式

即使在我们乡村学校，连小组合作学习都不知道、课堂上没有运用过的老师也是不存在的。围绕老师提前预设好的几个问题，让学生分小组讨论后展示，看着是"课堂活起来了"，静下心细想来，学生在老师们眼中的"乐于展示""善于表达"之中究竟得到了什么样的发展呢？他们在课堂上"真"学习了吗？

其实，"小组合作学习"本身不仅没毛病，而且是一点毛病也没有。我们还根据课堂、课型的实际需要，在"小组合作学习"的基础之上巧设了"结对""部落"等多种课堂活动形式。这些简而言之就是一些如何进行学习的形式，重在全新理念的教学设计、目标、评价的应用和实施。所有的教学设计基于"学生是主体"原则，课堂上的问题是来自学生的"真问题"，而不再是老师照抄教案的一系列的陈旧提问；学习目标是课堂上学生的真懂、真会、真明白，而不再是教师预设案的达成；评价是看课堂上学生的自主参与度、合作达成度、探究思考的深度与广度，绝不是我们之前的表面繁荣的"你方歌罢我登场"走秀凑热闹。仅依例说明现在我们学校"依托有效的问题和对话"小组活动的开展：比如，在学习《回忆我的母亲》一课时，一小组长，主持字词预习板块时间同

学们：你预习了哪些生词，说说看。甲：我预习了"不辍"。小组长：大家想一想"不辍"什么意思啊？甲：不停。小组长：非常棒！都懂了吧？请你接着说——再比如，"结对"活动的开展，在学习《与朱元思书》时，你从课文中学到了什么？同桌先说一说，相互说。两个人都要相互说给对方听。这种角色互换的互教互学，是真正的集体教学。苏联季亚琴科早先就提到过，所有的课堂活动形式都应该是为课堂内容服务的才是。

三、精准认知，落实"自主、合作、探究"课堂学习方式

想要40分钟的课堂有效率，就得在课堂上充分发挥教师的主导作用。我们每个年级每节语文课都有老师们精心设计的主题，教学目标相应也做了具体细致化的改进——以前照搬教参资料的"教学目标"由体现学生在课上应学会什么，哪些学科核心素养获得了发展的具体的课时目标代替。课堂上的问题设计由以前教师的预设变为教师收集的学生预习后的自主提问。推进课堂行进节奏的始终是由学生基于文本的疑问和对问题的探讨与解答来掌控，有前文提到的"有疑而问""有问讨教""创新质疑"等不同层面的"结对""小组"等课堂活动为基础，学生们的"自主、合作"的学习方式指向了学生的高认知学习。语文课上，老师紧盯学生思维成果和学习产出适时与学生交流哪里是理解得好的，哪里是还需要改进的来调控教学；学生随时对同伴甚或是对自己进行评价来监督、管理自己的学习，"探究"便也可以这般行云流水的进行下去。

四、精准管理，"办公进教室"理念提高课堂学习质量

学校规模微型化、班级教学小班化，已经成为农村学校未来发展的趋势。小班化让老师在课堂上分给每一个学生的时间更多了，对每一个学生的关注度提高了，教师面批作业的时间增加了。教师的个性化指导和师生间的多维互动让好学生学习兴趣越来越浓，学困生自信心越来越强。我们语文教师尝到了开展精细化教学的甜头。我们学校的语文老师大多担任班主任工作，大家为了可以更好地了解每一个学生，拉近老师和学生之间的距离，为了及时发现班内学

生之间的问题，便于有的放矢的、及时的展开班级管理工作，为了学校、班级能多留住些学生，为了省去教师在办公室和教室来回穿梭的时间和学生来回转达的麻烦，班主任们选择了直接在教室内办公，班级课堂学习质量大大提升。班主任们班级管理的精细化让一个个小小的班集体弥散出了浓浓的人情味！

  教育的爱心是空气，是阳光，是土壤，是水源，是粮食……老前辈教育家夏丏尊说：教育没有情感，没有爱，如同池塘没有水一样。没有水，哪来池塘啊。没有情感，没有爱，也就没有教育。即使乡村"小"学校优质生源流失严重，学生阅读习惯、条件差……只要我们心中有爱，眼中有光，办法就比困难多。

"少教多学"理念下的初中语文阅读教学

近年来，教学方式不断的发展，教学反思不断深入，以往的"满堂灌、填鸭式"的教学方式的弊端正变得越来越明显，对于初中语文阅读教学目前所存在的问题和其自身所具备的特点，广大的教育工作者提出了"少教多学"的创新性的高效教学方式。在实际的初中语文阅读教学当中，教师应该努力探究"少教多学"的有效运用途径，以期改善目前的语文阅读教学现状，切实提高学生的自主阅读学习水平，从而真正的提升学生的语文核心素养。

在传统的初中语文阅读教学当中，大多数教师会把大量的时间和精力花费在讲解上，而未给学生留下充足的自我发挥的空间和时间，因此造成学生的知识技能虽然有所提升，但是却没能很好地培养学生的人文素质与过程方法。大量的研究数据表明，初中是学生世界观、价值观和认知形成的重要时期，在初中阶段形成好的阅读技巧和阅读习惯不仅有助于为以后的学习奠定坚实的基础，而且可以借助阅读具有浓厚人文情怀、深刻道理和含义、积极向上等内容的文章来塑造自身的独立人格和正确的信仰。

一、提升教师对"少教多学"教学方式的认同感

初中语文教师在阅读课上应当改变传统的教学观念，把自己的身份由原本的课堂主导者转化为引导者。因此，教师有必要提升自身对于"少教多学"教学方式的认同感，唯有如此该教学方法才可能在初中语文教学中得到有效的推广和运用。当教师清楚地意识到传统阅读教学的弊端，以及积极主动的理解、指导和观察学生的实际学习，才会有助于提高学生的课堂参与度，增强学生的自主阅读的兴趣，以此更加高效地完成阅读教学。

例如，在教学《从百草园到三味书屋》这篇课文时，假如教师将自己完全

的视为课堂的主体，而不注重展现学生的课堂主体地位，根据文本的发展顺序对课文的表现手法、思想含义与展现手法进行逐层的讲解，看似教学过程清晰明了，但是，实际情况却是这样的教学方式不能引发学生的精神层面和心灵层面的共鸣，以及学生的深入思考，从而导致教学效果和学生的学习效率不佳。因此，教师可以把童年回忆作为本篇文章教学的切入点，因为初中生刚刚经历完童年时期。首先，教师让学生以小组为单位在组内分享自己的童年趣事，通过追忆童年激发学生对本文的学习兴趣和引起其的共鸣。其次，教师留出足够的时间让学生自主的阅读本文，要求学生在阅读的同时尽量去感知作者的童年，从而让学生与名人的距离变得更近，以此让学生摒弃迷信权威的思想，增强其的思辨思维。除此之外，教师可以在学生阅读完成之后让其在小组内谈论此文的写作手法和作者透过文字所传达的情感，或是自己对于这篇文章的感受，以此来提高学生的自主学习能力和口语表达能力。最后，要求两个小组的代表分享自己小组的讨论结果，教师给予肯定和赞扬。接着教师再对文章进行细致的讲解，从而弥补学生理解和掌握的不足之处，让学生对于文本的深层含义具有了解和感悟，最大限度地提升课文所具有的文学价值。

二、激励学生在课堂上多思考和多发言

正如"一千个读者就有一千个哈姆雷特"，不同的学生对于同一篇文章的理解也会有所不同，会产生不同的疑问，所以教师要鼓励学生在课堂上多思考和多发言，让学生表达自己对于文本的理解和感悟，有效的解决自己的疑问。这样不仅有利于教师对于学生的学习情况有所了解，而且有助于提高学生自主阅读的水平，拓展学生的思维。例如，在教学《盲孩子和他的影子》这篇课文时，首先，教师让学生反复的（至少两次）阅读文章，并且让学生在阅读的同时思考如下的问题：①这篇课文所采用的体裁是什么？②文中的那些句子展现出了盲孩子的心情变化？（可以让学生用红笔勾画出来）；③这篇文章出现了盲孩子、影子和萤火虫这三个主要的形象，你最喜欢哪一个？请试着用简洁的语言表述缘由。在此过程中，每个学生都积极地思考。在教师让学生回答问题

时，有些学生会因为害怕回答错误受到教师的批评和其他学生的嘲笑而不愿意主动举手回答问题。对此，教师应当优先让这部分学生来回答问题，就算回答错误教师也不要批评，而是要温和细语地指出该学生的错误，这样会维护学生的自尊心，让此类学生逐渐有自信。最后，教师在鼓励学生提出自己阅读时所产生的疑问，如有的学生："文章的最后一句'我们都是光明的孩子'有何深意？课文赋予'光明'二字何种特殊的感情？"这样的教学可以让教师有针对性地解决学生的疑问，而且可以节约许多课堂教学时间，极大地展现"少教多学"的教学新理念，提高学生阅读能力和创新思维能力。

三、合理使用"少教多做"的学习方法

教师在建立完成新式的师生关系以后，有必要探究如何借助教师的"少讲"来促进学生的"多学"，让两者能够成为有机的整体，实现教学相长，达到事半功倍的教学效果。对于教师来说，在阅读课堂教学中需要把主体地位让给学生，通过有效地引导提升学生的学习热情和主观能动性，在教学的同时引入要学课程的重难点，激发学生深入思考的同时，借助提问等途径，依照当时所掌握的学生的理解现状有目的的、有针对性的补充相关细节。以教学《济南的春天》这篇课文为例，教师可以先组织学生分享自己印象中的春天景象，接着便可以自然而然引入学生进入老舍笔下的济南的冬天。在让学生对文章的生词全部掌握之后（确保学生能够顺利无障碍地完成文本的阅读），教师留足时间让学生阅读此文并进行思考，然后通过教师提问和团队交流讨论等方式帮助学生总结归纳文章的主旨和主题思想，接着教师再对学生的回答开展及时的修正和详细的补充。其次，教师可以借助有意义、有价值的提问来激发学生的深入思考，如："文中的'毒''响亮'是什么意思？"或者是让学生仿照文章的进行同类型文章的创作。

对于学生来说，自由的课堂并不是让其"放任"。在学生自学的时候，教师需要观察每位学生的学习情况，控制好课堂纪律，激发学生的学习积极性，借助提问引发学生思考。如在教学《背影》时，教师可以先让学生回忆自己与

父母相处的感动和愉快时刻，让几名学生上台分享自己的"瞬间"，以此来实施对学生的感恩教育。再如，在教学《中国石拱桥》时，教师可以组织学生对生活中所感受到的"桥文化"进行讲解，增强学生感悟生活的水平。与此同时，教师可以要求学生通过翻阅相关书籍和浏览有关网页来探究桥体的基本结构和特征，这样一来，能够提升学生的自主学习探究能力。概括来说，就是要求教师通过少讲来促使学生展开独立学习和自主探究，从而增强学生的学习体验。

四、借助教学效果来反馈和指导教学行为

在课后练习和课堂后期当中，教师有必要选择有甄别性的习题和问题，全面地了解班上每位学生的学习情况，不要争当课堂的主体，而是担任好课堂管理者和引导者。教师使用"少教多学"的有效教学方式，不仅要顺利地完成知识的讲授，有效地引导学生，更应该通过随时提问来掌握学生的学习情况。其次，还需要借助教学效果来反馈和指导教学行为。以教学《宇宙里有些什么》这篇课文为例，假如学生学完此篇文章之后只知晓课本上的内容，而对宇宙当中所存在的另外的事物，或是科技进步所带来的影响和发展不了解，这就表明教师并没有激发学生探究科学的热情和积极性，没有扩展学生的知识面（即未进行延伸教学），没有教会学生有效科学的探究方法。因此，学生虽然掌握了课文的主题思想和基础的文学知识点，但却未能实现阅读文本的真正目的，上述的教学反思是教师应当做的，这样才能及时地修正教学过程和教学方式。除此之外，教师可以通过提出与文章内容相关的、包含课本之外的、知识问题来检验学生是否进行了拓展阅读。

五、引导学生自主拓展强化阅读能力

学生进行阅读不能只局限于书本上的内容，如果只对教材以内的内容进行粗略的学习，就与"少教多学"理念的本质背道而驰，教师在做到"少教"前提下，还要引导学生积极的做到"多学"，对教材以外的内容进行拓展阅读。阅读汲取知识的过程是永无止境的，因此，"多学"不仅要求学生拓展更多的知识，

而且要求学生进行积极主动、更深层次的拓展阅读。教师要指导学生在阅读时，从阅读中学到的知识结合自身的实际做思考，站在人文精神的角度下观察生活、观察世界，鼓励学生将理论与实践相结合，提高感知生活的能力。在阅读时学生通过查阅相关资料，收集专家研究的文章等进行学习，深度拓展阅读内容。

例如，在阅读许多人物传记时，教材上的内容只是凤毛麟角，教师可以引导学生在阅读的过程中进行自主的拓展。阅读《邓稼先》这篇课文时，这是由友人杨振宁所写的一篇传记文章，学生要充分做好课下预习工作，了解有关邓稼先和作者杨振宁的有关资料，了解杨振宁和邓稼先的生平成就。在新课导入时，教师可以用多媒体播放我国第一颗原子弹升空后的蘑菇云画面，接着让学生讲述课前预习时对邓稼先和杨振宁所做的了解，学生会发表："邓稼先是我国核武器研制工作的开拓者和奠基人，被称为'两弹元勋'"等观点，在相互分享中拓展学生阅读知识面。在阅读《关雎》这首诗时，"关关雎鸠，在河之洲。窈窕淑女，君子好逑"，学生在阅读时会发现这首诗与往常阅读的唐诗都有所区别，教师就可以指导学生主动搜集有关的知识。学生在自主动手查找资料的过程中，会发现《关雎》是选自中国的第一部诗歌总集《诗经》，《诗经》主要以四言为主，又分为风、雅、颂三大部分，唐诗主要分五言和七言，学生在自主搜集材料探究的过程发现诗经与唐诗宋词的区别，从而扩展自己的知识面，为日后其他题材的阅读奠定基础。如在阅读《钢铁是怎样炼成的》时，这是奥斯特洛夫斯基所写的一篇长篇小说，描写了主人公在革命战争年代的成长，学生在阅读这篇文章时可以通过网络等手段搜集作者的生平背景和写作背景，结合作者坎坷的生平经历，学生能够更好地理解作者通过小说所传达的情感，提高自身的阅读能力和感知水平。

总之，教师要改变以往的初中语文阅读教学方法，在"少教多学"的新教学理念的引导之下采用行之有效的教学方式，为学生的自主思考和独立学习留下充足的时间和空间，并且针对学生的不足做出及时的弥补，从而切实提高教学效率，增强学生的语文学习能力和语文核心素养，让教师的教学工作变得更加轻松，减轻教师身上担负的责任。

从教学走向教育

随着教育改革的深入和发展,做学生成长的陪护者和精神关怀者越来越突出地表现为教师职业的首要任务与角色。我们也深知:在精神上,教师所能引领别人、照亮别人的,不是那些来自书本的知识,而是内在的人格与思想。而所谓思想,就是指"客观存在反映在人的意识中经过思维活动而产生的结果"。通俗地说,即"脑子中有想法"。

其实,教育工作的灵魂就在于思想,教师的全部尊严也在于拥有独立的思想;思想是照亮我们教育航程的灯塔,有思想的教师追求教育的本真,生命放射着圣洁和智慧的光华。我们可以这样说,知识奠定教师教学行为的底气,思想能给教师的教育行为带来灵气;只有既有底气又有灵气的教师,才可能在课堂上显示出沛然大气,才可能在教育教学中体现出智慧和机智。现在,创新已成为时代的旋律,赋予了教育更高的目标和更新的任务;这更要求我们每个教育工作者必须有先进的思想来奠基;没有思想的教师,只能人云亦云,做重复书本知识的机器,扼杀了学生的个性和成长的幸福。可是,如何拥有和丰富自己的教育思想,如何提炼和建构自己的教育思想呢?这的确是需要每一个优秀教师应该好好关注和思考的问题。

25年的教育实践经验与教训告诉我,长期的读书学习反思与写作启迪我,众多教育家和名师的成长教育我:要提炼自己的教学思想,关键是要有生成自己教育教学思想的信念和土壤,而这信念不是靠别人来培养和灌输,土壤也不是靠外在力量给予我们。哪里来?需要我们自己创造——我们要必须先努力做一个有思想的教育实践者,我们要必须先像教育家一样工作和生活。

常言道:不怕做不到,就怕想不到。对于拥有自己的"教育教学思想"也是一样，许多人连想都不敢想。为什么？他们总认为，教育教学思想是教育家的事情，是教育研究专家的事情，一线教师怎么能行呢？所以，这就导致了自己不敢想，不敢做，只是像老黄牛一样低着头耕作。实践行动固然重要，但是，没有思想同样不行！思想与行动，相辅相成，缺一不可。而大多数时候，思想决定行动，"脑袋决定手和脚"，有什么样的思想，往往会做出什么样的行为。并且教师自身的"思想者"特征和教师专业化成长的动态过程性特点，更使得教师的成长更多地依靠"在正确思想指导下的具体实践活动"，更多地表现为"做"的与"想"的协调统一过程，表现为一定思想指导下的一系列实际行动。

每一个青年教师初上教坛，都充满了激情与梦想，要做一名好教师；也都曾不甘平庸，要在教学上有所作为，要在工作中不断超越自己。但是，很多人却在自己的工作中逐渐倦怠，思想变得消极和麻木，行动变得迟缓和敷衍；而那些真正有思想的优秀教师从不这样，他们的可贵之处，正在于他们始终处于"行动"之中，坚守着自己的思想追求，坚守着对事业和学生的真爱，始终如一地向着一个又一个目标迈进。我们可以这样说，真正优秀教师的成功之路，大都是一个在教育实践中坚守自己梦想的长期征程。"在行动中思考。使思想更富于血肉，更具生命感。随时可以在思想中触摸到现实的脉搏；在思考中行动。使足尖有方向感，使行动更准确和深刻，并让思想在现实中开花结果。"我们每一个有志走向优秀与卓越的青年教师都应该把冯骥才先生的这句话记在心底，做一个有思想的教育实践者，做一个思想和行动统一的成长者！脚踩大地，仰望星空，带着理想上路，深入课堂向优秀教师学习，捧着书向优秀教师走去，酝酿和生成着自己的思想向名师靠近、看齐！

经常有专家激励我们：要有成为教育家的梦想。说实在话，作为一名所谓的优秀教师，我自己也经常在心中这样暗想。可是，有很多时候我也在怀疑：作为平凡教师，我能成为教育家吗？虽然胆怯，但不能扼杀内心的向往。什么是教育家？就是像中国的孔子、韩愈、朱熹、蔡元培、陶行知，西方的柏拉图、苏格拉底、夸美纽斯、赫尔巴特、杜威等一样的人。他们都对教育做出了突出贡献，无论是达到的高度还是触及的深度，以及对时代发展的意义与对后世的影响而言，今天甚至后世的人都难以企及。的确，对照他们的成就，我们大多数教师是断然不可能成为教育家的。

可是，话又反回来。一个老板把一个企业做得出色，就可以称为企业家；一个文学青年写出两部小说，就可以称为作家；一个歌手唱出几首好歌，就可以称为歌唱家；一个民间老人保持着一种传统技艺，就可以称为艺术家……我国现有1000多万教师，其中有太多的优秀者，为什么就不能有教育家呢？难道教育家一定是那些令人不敢仰望的人？难道教育家一定是那些跨时代的历史伟人？回答显然是否定的。

这样想来，我们的心敞亮了很多。诚然，我们当代确实缺乏既有系统的理论体系，又有付诸实践的影响全局的教育家。尽管我们很多地方都在搞培养教育家工程，但教育家不是媒体能评选出来的，也不是政府培养扶持能造就出来的。难道我们真的没有教育家吗？难道今天真的不能产生教育家？难道真的只有那几个逝去的古人可以称得上教育家吗？不断地叩问中，我们是否想到另一个不争的事实——那就是我们今天把教育家看得太高了，标准太严了！华东师大的张华教授说得好："教育家不是教育学家。教育学家是学者，研究教育的人。"教育工作实践者，辛勤工作在第一线，很少有理论的创新；教育理论工作者，有系统理论，但又很少参与教育实践。这两种人的天生"缺陷"，导致他们都很难成为真正意义上的教育家。那么，什么是教育家呢？"教育家就是实实在在创造教育本身的人"。瞎子阿炳不识谱，不能算音乐学家，但他创造了《二泉映月》，没有人敢否定他是伟大的音乐家。每位工作在教学第一线的教师，只要每天都在脚踏实地而又富有创造性地工作着，那么就都有成为教育家的潜质，都有成为教育家的可能。其实，在我们身边已经涌现了许多的先行者。于漪、魏书生、于永正、支玉恒……他（她）们全来自基层学校，一直都辛勤地躬耕在教育的第一线，不但成了教育家，而且成了教育学家。那么，同样在教育教学第一线辛苦耕耘的我们，同样对教育怀着梦想与追求的我们，为什么不可能在将来有一天脱颖而出，成长为教育家呢？回答，显然是肯定的。不仅可能，而且完全有可能。更何况，时下社会对"教育家办学"的关注，其最重要的意义，不是捧出教育家，而是强调校长、教师心中要有"成家"的梦想，都要努力像教育家们那样工作和生活。心在哪儿，希望就在哪儿。"努力像教育家们那样工作和生活"，如此坚持下去，我相信，教育家的队伍里就很可能有熟悉的身影。

　　顾明远先生说，成为教育家有三条标准：一要长期从事教育工作，热爱教育，热爱孩子，一辈子献身于教育事业，把教育作为一个毕生的事业；二要在工作中肯于钻研，敢于创新，有自己的理论见解和思想体系；三要工作出色，经验丰富，有自己的教育风格，在教育界有一定影响，被广大教师所公认。

　　对于第一条，虽然我不敢恭维自己把教育当成毕生的事业，但25年的教育风风雨雨，自己的确是已经迷恋于学生，沉醉于教育。有人因我而成长，有人因我幸福，有人因我而改变了命运。作为一个平凡的一线教师、一线班主任，我无愧于自己的职责和良知！我喜欢学校，喜欢班级，也喜欢陪伴了我一程的小伙伴们。更让我欣慰的是，许许多多孩子因喜欢我而更加喜欢语文，许许多多孩子因喜欢我的班级而更加喜欢我们学校。每天我迈着轻快活泼的步子走进充满欢笑的校园，每天笑盈盈地与几十个笑脸相对，很多次课堂上我故作矜持的把戏可是都被那些"调皮鬼们"识破又换来爽朗的笑声，善意的调侃、谐趣的嘲弄、开心的自嘲。读着书，教着书，写着书，偶尔也用五音不全的嗓子哼首歌曲。讲台就是我的舞台，伙伴们便是我倾诉交流的对象，在思维和智慧的碰撞中，促成了教学相长；班级就是我的自留地，我可以和伙伴们一起种植一些被称为责任、爱心、自信……的种子，看着它们生根、发芽、开花，我感到无比富足。把成长看作是自己生命存在的状态，所以，我慢慢学会了包容，学会了欣赏，学会了坚持与等待。借鉴许多名师成长的经验，多年前我就自觉地给自己的教育人生设计了"八个五年计划"，用扎实的行动和智慧的实践，一步步打造和丰盈自己的教育人生。

　　我不知道教育是否是我最喜欢的行业，只是觉得这片土地上到处都有我渴望的风景。一个人如果选择了自己想做、能做，且社会需要的事情，并沉醉地做着，这无疑就是最幸福、最快乐的。或许只是这傻傻的快乐，也快乐着我的伙伴、我的同事、我的亲人，快乐着我的生活、我的成长、我的生命。"古之学者为己，今之学者为人"，真正的教育者不会口口声声说为了谁。教育是我们的生活，我们只需要热爱；教育是我们的生命，只需要坚挺。我想，走在通往优秀的成长路上，最忌讳的可能就是甘于躺平，喜好扎堆凑热闹。但大量的实践证明，一位教师如果把自己的成长锁定在"职称"或"官位"，无疑是把自己的发展逼进了死胡同；只有思想的觉醒，成长才真正开始。

说到第二条，虽然不敢说自己有什么理论见解和思想体系，但循着自己实践和思考的清晰痕迹，心中亦有点滴自信。"生命课堂"构建、"乡村语文精准教学策略""班级公约创设"……我在精雕细刻中渗透着教育教学的智慧；"公约弹性惩戒制""吃货节""班级生日"文化、"励志故事库""开心辞典""联村家访日记"……我在创新中追求着管理的人文与和谐。对课堂教学，我关注学科价值和共情共识文化场的构建，发表了许多建设性观点和较好的案例，我越来越清醒地认识到：教师的成长在课堂，但制约课堂的因素却大都在课堂外，它们无一例外地指向了教师的专业化成长；对班级管理，我深入到道德制高点的回归和班级精彩生活的打造，提出了许多独到的观点。越来越清醒地认识到：要走向优秀，必须实现四个质变：走出"师道尊严"的强权意识，开始和学生平等对话；走下"我为你好"的道德高点，开始与学生合作共赢；走出"管住学生"的简单思维，开始对学生终极关怀；走出"忙碌工作"的职业状态，开始打造精彩教育生活。在一路反思一路成长中，我越来越清醒和完善。虽然有些东西非常肤浅，但是毕竟是对我长期工作实践的梳理、总结和升华。我能把最简单的教育教学之事上升到理论的高度，也能把理论用于指导我做最基础的实践操作。我能从平凡中看到伟大，我能谦卑恭敬而幸福快乐地用大爱去做小事。

卢梭说：什么是最好的教育？最好的教育就是无所作为的教育；学生看不到教育的发生，却实实在在地影响着他们的心灵，帮助他们发挥了潜能，这才是天底下最好的教育。没有幸福的教师，不可能培养出幸福的学生；在做好自己的前提下，引领并帮助青年教师享受和创造教育的幸福，才是一位所谓名师的真正价值。

最后，我们来看第三条。这点的确令我有些心惊胆战。心惊不是害怕，而是因为惊醒。从21岁大学毕业初涉教坛，虽然自己取得了一点儿荣誉和称号，但是伴随着读书、学习、实践、成长，我越来越感到自己教育理论的贫乏和肤浅，越来越感到自己教育实践的幼稚与浮躁。但是，我深切地意识到离"丰富的经验""成熟的风格"都十万八千里，更不用说什么"出色的工作"和"一定的影响"了。视野决定格局，格局决定成长；眼界拓宽境界，而境界决定人生。在与众多名师、专家的交流、学习中，我愈发窥见自己的无知和贫乏，也越来越感到自己的渺小和卑俗。但值得庆幸的是，我还有充足的时间去点亮，我还有太多机会去尝试，我还有太多可能去实现，因为我的教育朝圣之路才刚刚开始。

脚踩大地，仰望星空，每一个优秀班主任都应该有自己的梦。我知道：作为一名教师，要走向真正的优秀，必须完成四个质变：从追求"知识传递"到关注"生命成长"的思维转变，从追求"生存自由"到建立"职业信仰"的精神转变，从追求"个人专业成长"到引领"团队专业发展"的行为转变，从追求"成名成家"到创造"教育幸福"的价值转变。愿你我都享受"奔跑"的感觉。

人的一生就是一个不断成长成熟的过程，或许有人会阻碍我们成功，但没有人可以阻止我们成长。我知道：只有傻子才能做好懒惰者不愿做而聪明人不屑做的事，只有傻子才能走完一般人不想走或不能走不到底的路。常常慨叹教育的现状，常常思考诸如"我们将还给你一个怎样的孩子"之类的问题，也常常含着泪花吟诵那首温润的小诗：总得有人去擦星星……

虽不能至，但心向往。每一个优秀教师都应有个梦。在每一个晨光开启的工作和生活的日子里，提炼和生成着自己的教育教学思想也是件美差。

第二季 扎根课堂枝繁叶茂

只要给我们一间教室，一个班级，就足够了。教室，是老师开展教育实践的基地，是学生学习生活的殿堂，是我们共同成长的一方乐园。我们的事业就在这里诞生，在这里成长，在这里走向未来。

如果说班级像一个大家庭，那么在这里，老师是家长，学生是孩子。孩子们在家长的关爱与呵护下，相亲相爱，快乐成长。

如果说班级像一个小社会，那么在这里，孩子们会经历酸甜苦辣的成长历程。在生活的磨砺与锻炼中，学会坚强，茁壮成长。

衡量一节好课的金标准

——从学生的真正需求与实际收获设计、评价教学

我听过一堂参评市级优质课的数学课：锐角、直角和钝角。整个教学过程因教师的课件设计生动有趣，几乎吸引了所有听课的学生和老师，学生们的学习兴致很高，完成了授课教师事先准备好让学生做的练习和学生自己带的作业，按理说教学到这里也该结束了。可是看到学生们意犹未尽，随后老师出示了一个组合图形（由锐角、直角和钝角组合而成）课件，让学生判别组合图形中不同角的个数，学生的学习情绪依然很高涨，但判别的结果让授课老师和听课的老师们吃了一大惊，几乎每个4人的小组内意见都不尽相同，也就是有近四成的答案是错的！

我不禁陷入沉思——这是不是一节好课？

什么是学生真正的需要，教学为了什么？这是我们课堂教学要回答的一个问题。学习数学是生活的需要，通过数学的学习要提高学生解决实际问题的能力。在这堂课上反映出的能力就是不重复、不遗漏地归类。这节课看似学生学得轻松、愉悦，有满足感，体现了学生是学习的主体地位。但学生通过这些活动是真正提高了判断的能力，满足了真正需要吗？我们要打个问号。

一堂好课，在教师正确、恰当、有效的引导下，学生理应提高判断能力，满足知识需求。回顾这节课，看似教师从学生的需求出发了，实质是学生被老师牵着盲目的走，这堂课对学生数学学习兴趣的培养应该有一定的效果，可是学生的实际收获甚微。如果教师适时地给予引导，既体现学生生活经验的再现，也体现数学知识的提升，两者有机的结合，实现教与学的统一，既满足学生需要，又可使学生获得成功。

课堂教学中的增味剂——肢体语言

优秀的教师都有一个共性的特点,那就是——尽力使自己的课充满美感,具有艺术性。一位好的教师不仅要有渊博的知识、善于雄辩的口才,还应有美妙的体态语言,教师恰当的肢体语言能弥补有声语言的不足,起到补充、配合、修饰的作用,可以让语言的表达更加准确、丰富,易于学生接受和理解。如果教师能够娴熟地运用它们,一定会为课堂增色不少。

一、正确运用手势

教师在课堂教学中离不开手势。手势具有强调、示范的作用。《触龙说赵太后》中有这样一个场景描写,"太后盛气而揖之。入而徐趋。"如果只是干巴巴地解释成小步快跑以示对太后的敬畏,学生肯定感悟不到触龙的良苦用心。所以有的教师就在课堂上把这个细节通过肢体语言表演了出来,场景生动形象,学生也印象深刻,教学效果非常好。整节课通过联系实际,配合文章内容,巧妙地运用肢体语言的演示,使学生对触龙高超的游说技能产生了深深的敬佩感,感悟出了文章的价值,积淀了文化知识。

二、适当运用温和表情

马卡连柯说:"做教师的决不能够没有表情,不善于表情的人就不能做教师。"表情是一个人的内心情绪在其面部的具体表现,是学生收到老师最直接的肢体语言。著名作家魏巍在《我的老师》一文中,念念不忘就是蔡芸芝先生的温柔和蔼,这便是例证。教师灿烂的微笑会让学生永久铭记。所以身为人师就不能像街头小贩一样,喜怒无形,随意宣泄。

三、巧妙运用头势

我们知道学生在课堂教学过程中，以无意注意为主，有意注意只占课堂中的极少时间，加上学生的好奇心强，极易受外界因素干扰等情况，声音一旦失去作用，我们可以通过点头或摇头来唤回他们的注意力。当学生回答问题正确时，我笑着直点头，伸出大拇指，表示赞扬；当学生回答不正确时，我微笑着拍拍他们的肩膀，表示别灰心，加油！学生的自尊得到了保护，激发了他们以后回答问题的潜能。

四、保持自信站姿

俗话说"站有站势，坐有坐相"，这是对庄重场合或站或坐的要求。教师的教学是严肃的工作，应该站得笔挺，站出气势，庄重大方，优雅得体。这能够延长学生有意注意时间，提高课堂教学质量。

五、培养优雅步姿

课堂上教师少不了在讲台上或过道上踱步。怎么走，似乎无可厚非。但仔细考究是有奥妙在里面的。教师在讲课时，应该在讲台前或黑板附近，不宜走下讲台边走边讲，这样不利于观察全体学生的反应。需要巡查学生自习情况，也要慢步慢踱，时时驻足，让学生能提问，而且依照一定的路线来回视察，注意照顾到"边陲地带"的学生，并不断更换站立位置，以便与每个学生都有较平均的接近机会。

教师正确恰当地运用肢体语言，不仅给学生美的享受，而且能增进课堂和谐，收到"此时无声胜有声"的效果，才会使我们的课堂更加引人入胜。

现代文阅读中"作用（好处）"题如何解答

分析语文试卷的现代文阅读试题，不难发现，"作用题"出现的频率相当高。但由于出题的角度多变，"作用"的范围较广，这就使不少学生面临"作用题"时，或茫然无知、一筹莫展，或听凭感觉、任意作答。

作用题的命题表达式一般为："作者这样写有什么作用（或好处、效果）？"笔者以为，"作用题"的设题角度及其范围一般包括以下十个方面：首段的作用，末段的作用，中间段的作用，第二人称的作用，写人叙事类散文写景的作用，修辞（主要是比喻、拟人、排比、对比、反复）的作用，插入史实某一事件的作用，引用诗文或格言的作用，以某一物象作标题的作用，写作上由实而虚的作用。

一、首段的作用

如果开篇即点题，那么，首段的作用往往是总括全文，点明题旨，或者表达与主旨相关的某种感情。

如果开篇没有点题，那么，首段的作用就是开启或引出下文。如徐志摩的散文名篇《藏根草》的首段："好一座颇有古堡风度的万佛阁，被人遗忘在大殿的背后，断了香火，受了冷落。"

如果首段连续发问，那么，首段还兼有引人入胜或发人深省的作用。如《峭壁上的树》的首段："是为了摆脱那饥寒交迫的日子，你才无可奈何地跳下悬崖？是为了避免那场被俘的耻辱，于弹尽粮绝之后你才义无反顾地投落这峭壁？"

如果开篇即连续感叹，那么，首段还兼有强烈的抒情作用。如《野菊花》

的首段:"野菊花!漫山遍野的野菊花!"它不仅总括全文,开篇点题,而且表达了作者的惊喜之情和对野菊花的赞美之情。

根据上述思路来解题,答案也就迎刃而解。既然《老家》表现了孙犁先生既思念家乡却又不想回乡的矛盾心情,并在开篇就引用诗句:"梦中每迷还乡路,愈知晚途念桑梓。"那么,文章第一段详细描写了各式各样有关回家的梦境,其作用当然就是"为了更好地表现作者对故乡难以割断的感情""使文章更形象生动,更真实可信",因为"这种思乡之情萦绕在意识的深处,自然会形成不断的梦境"。

二、末段的作用

末段的作用一般是总结全文,点明题旨,深化中心,呼应开头,或兼而有之。如《普希金之画》的末段:"我忽然想起俄罗斯作家协会主席尼古拉耶维奇说过的一句话:'上帝给你一种才能,一定还会给你所有的才能。'这是俄罗斯谚语,很耐人寻味。我想,才能应包括人的灵性与悟性。人对各种艺术是有通感的,从通感到'通才'并不是一件难以理解的事。"这一段正是作者对全文的总结以及对题旨的点化。

有时候,试题只针对最后一句发问,这一句偏偏又很含蓄,一眼看不透,即学生说的"看不懂"。那么,"看不懂"正是写这一句的作用。当然,我们不能直截了当的回答"作用是看不懂",而要换一种委婉的说法。例如,"作用(或好处)是委婉含蓄,意在言外,发人深省"。此外,既然这一句放在末尾,又被命题人相中,那么,根据"卒章显其志"的传统技法,说明它可能与揭示主旨有关,只不过因其含蓄,所以它的作用不再是点明题旨,而是暗示主题。除了上述两点,最后一句往往还具有强化作者感情的作用。根据上述概括,其答案"使文章在表达上显得委婉含蓄,发人深思;有戛然而止,意在言外的余味;暗示主题,强化了作者的感情"应当在意料之中。

三、中间段的作用

中间段如果比较短，那么，它在结构上的作用一般是过渡，在表达上的作用一般是衬托。在较短的中间段中，如果描写的物象（即散文写作的对象）并非选文的主要物象，而是次要物象，且与选文描述的主要物象在形象、意境和情感上一致，其表达作用就是正面衬托（或烘托、铺垫）。如某语段描述的主要对象是"大江流日夜"的气势及意味，而在描述之前，先在第3段中赞美大海的宽广与汹涌，那么，面对"从写作角度看，甲段写海的作用是什么"的提问，其作用恰如参考答案所说：烘托"大江流日夜"的气势及意味。如果中间段描述的次要物象与选文的主要物象在形象、意境或情感上不一致，其表达作用就是反衬。

中间段如果比较长，而且描写的是选文的主要物象，那么，它在内容上的作用一般是扩展思路，丰富内涵，具体展示，深化主题或照应前文。如《乡土情结》："本文第四段写了一代又一代炎黄子孙浮海远游的潮流，并赞颂他们不忘桑梓之情，慷慨奉献，与祖国休戚相关。请你结合乡土情结，分析这样写的作用和好处。"根据题目，先找到第四段，发现它是选文中最长的一段，当属较长的中间段，而且叙写的正是选文的主要物象——乡土情结，所以，它的作用和好处应当是在"扩展思路，丰富内涵，具体展示，深化主题或照应前文"的基础上再结合选文内容具体发挥。那么看看答案，果然如此：①把乡土情结提高到民族凝聚力的高度来认识，丰富并深化了乡土情结的内涵；②具体说明乡土情结不因时间的悠远（历史）和空间的阻隔（地理）而褪色；③既照应了前文，也使本文的主题得到深化。

四、第二人称的作用

第二人称一般都兼有拟人的意味，因此能使语言生动；而在表情达意方面，运用第二人称往往便于直抒胸臆，或直接对话。如"作者主要用第二人称写长城，这样写的好处是什么？"的参考答案即为："将长城拟人化：①便于与长城对话，②便于抒发感情。"又如"文章对牡丹等花木的称呼大多用第三人称，而在第五自然段中却有两处用了第二人称，这样写有何作用？"的参考答案即为：改用第二人称，将批判对象拟人化，形成一种面对面的质问之势，使作者的态度更为鲜明，便于直接抒发作者对那些名贵花木强烈的厌恶之情。

五、写人叙事类散文写景的作用

写人叙事类散文一般不写景物，如果整局甚至整段的描写景物，那么，景物往往构成环境或背景，所以写景的基本作用就是勾勒环境，提供背景，或营造某种气氛。而景物更重要的作用是以景衬人，它又可细分为两类。

（1）正衬：即以景物之优美衬托人物心灵之美好，或以景物之凄凉衬托人物命运之悲惨。如《山峦》第 6 段开头有一句景物描写："那一年的冬天，日照极短，枢密院广场的落日惨红，如同一环火漆，永不启封地封存了轻盈的过去。"其作用正好是用"落日的惨红"衬托十二月党人的妻子苦难而悲惨的命运。而《那一束伴地莲》在写母亲背着孩子寻找伴地莲的过程中，突出描写了明月和积雪，其作用之一就是"用明月积雪的明亮洁白衬托母爱的纯洁无瑕"。

（2）反衬：即用景物之美好或气氛之欢快来反衬人物悲惨的命运或人物凄凉的境遇。如《那一束伴地莲》的明月积雪，固然因其明亮洁白而堪称美景，但在数九寒冬的深夜，它又何尝不是突出了环境的艰苦呢？因此，其作用之二就是表现母爱的伟大，而这正是景物勾勒环境与反衬作用的综合。

六、修辞的作用

修辞种类虽多，但用来设题的往往是比喻、拟人、对比、排比与反复。比喻使语言形象具体，通俗易懂；拟人使语言生动活泼，同时还便于直抒胸臆；排比可以增强语势，同时还便于语义的层层递进或语境的步步扩大；反复可以突出语义或强调情感。只要掌握了上述修辞的基本作用，准确答题应当不成问题。如果答题要求中没有字数限制，那么结合文章的具体内容发挥一句，其保险系数就更大了。

在各种修辞中，以比喻设题的频率是最高的。诚然，一般比喻句的作用是使语言形象具体，但是，如果是以题目作喻体，而这个喻体又蕴含丰富的象征意义，且比喻句后面还有比较深刻的议论句，那么，这种比喻的作用至少有三点。其一，呼应题目；其二，揭示喻体的象征意义；其三，表达作者与之相关的感情。如《山峦》第2题："本文在描述十二月党人的年轻妻子义无反顾地选择追随丈夫，承受悲惨和苦难后，写'她们一夜之间成长为山峦'，请结合全文，分析这样写的作用和好处。"根据前文的提示，再参考比喻句后的议论是容易答出的。至于象征意义，只要结合"山峦"的内涵或特点，再参考比喻句后的议论就不难答出"赞叹这些年轻的妻子突遭厄运时，意志像山峦一样坚忍，爱像山峦一样博大"。而作者与之相关的感情，则分明是"歌颂她们甘愿为自由而受难的精神，表达作者对它们的赞扬和仰慕之情"。对比既是修辞方法，也是表达手法。如果只是两种事物的简单对比，那是属于修辞方法，其基本作用是为了塑造反差鲜明的形象，使读者印象深刻。如果是多种事物的分项对比，而对比的内容占全文一半以上，那就属于表达手法的对比，它的基本作用应当是丰富文章的思想内涵，使表达层层深入而更加集中。如《草堂？诗魂！》第2题第（2）小题："结合全文，简要分析这种写法（对比）的好处。"因为选文中的对比多达六个方面，因此它属于表达手法的对比，那么，这种写法的好处就正如参考答案所说："通过多方面的对比，层层深入，使'文章憎命达'的内涵更加丰富，内容表达更加集中。"比较本文的归纳和参考答案，可以看出，除了"文章憎命达"这五个字是结合选文主旨而发挥的以外，参考答案的所有要点都没有超出本文的归纳。

七、插入史实或某一事件的作用

插入史实一般是为了反思历史，以古证今或借古讽今，如果在史实前后有总括性语句或总结性语句，那么，插入的史实往往就具有例证的作用。如《微山湖上静悄悄》开篇就提出"这（指微山湖）是个在野的湖"的基本观点，然后连续插入"收留殷微子""接纳张子房""汉朝出高士"三段史实，那么，这三段史实的作用就是举例证明开篇的基本观点。

　　插入某一事件一般是为了引出下文的议论或抒情，所以在结构上往往具有承上启下的过渡作用，同时还在内容上具有深化或启迪作用，一般表示对生命、生活或事业的积极而深入的思考。如《春从心出》第2题："从全文看，第六段朋友打来电话这件事，在内容和结构上分别起了什么作用？"其结构上的作用无疑是"起过渡作用"，并"引发议论以深化作者的思考"；其内容上的作用则是"启示人们要热爱生命，感悟生活，诗意地看待生活"。

八、引用古典诗文或格言的作用

　　从论证的角度分析，引用诗文格言属于引证法，一般具有论证观点、阐明事理的作用。如《报秋》引用南宋词人朱敦儒的《西江月》，正是要用《西江月》中"领取而今现在"一句来阐明作者"领取生活"的人生态度，最终论证文章的基本观点。又如面对"第②段引用了《闲情记趣》并加以分析阐发，目的是说明什么？"，首先要考虑的就是"论证观点"四字。既然第②段的基本观点是"假山大都种树木，盖亭子……这就显得非常不相称"，那么，"说明"的就只能是这一句。不妨看看参考答案，果然是"假山与上面的亭、树不相称"。

　　此外，对引用史实和古诗文而言，它还有丰富文章的内涵，增加文采等方面的作用。

九、以某一物象作标题的作用

　　在写人的散文中，如果用某一物象作标题，一般具有两方面的作用，一是作为贯穿全文的线索串起主人翁的一生，二是象征某种哲理，表现某种情思。例如在《井绳》一文中，有一个问题是这样的：通观全文，简要分析作者以"井绳"为题的用意。那么，其用意有二：其一，以"井绳"为题，可以串起父亲追求美的一生；其二，象征审美距离，表现中国人独特的审美情趣。又如在《向日葵》一文中，以"向日葵"为题目，不外乎串起作者不同的人生阶段和人生感悟，同时借向日葵表达自己对生活的热爱。

十、写作上由实而虚的作用

　　由实而虚符合人们认识的一般规律，也是散文写作的一般技法，尤其是近几年很多的现代文阅读材料，更是具有典型的由实而虚的哲理意蕴，看来，在试卷中读解哲理散文有可能成为趋势，而从虚实角度命题也就顺理成章。一般而言，由实而虚的基本作用是：从人们熟悉的实体写到蕴含哲理的象征体，符合认识的一般规律，便于读者的理解逐步深入。只要掌握了这个基本作用，再结合具体语境，把"实体"和"象征体"变换成具体的写作对象，答案便呼之欲出。

　　强调的是，有些句段往往具有多方面的作用，而限于题意和字数，我们不必也不可能把这些作用统统答出来，因此，就必须在众多作用中选择最切合题意的作用。如《一盏油灯》第四段有这样几句描写：

　　"晚自习的时候，学生们便点起一盏盏大小不一的油灯，暗淡的光辉映出一双双求知的眼睛，几十盏灯汇集在一起，宛如一片星星。"分析这几句描写，可以发掘多种作用：其一，塑造山区学生勤奋求知的感人形象；其二，表现山区办学条件的艰苦；其三，形象的强调知识能把人引入光明的象征意蕴；其四，突出小油灯的可爱，为下文"我"做灯拿灯做铺垫……应该说，上述作用都言之成理，但是，联系后文乃至全文，最切合题意的自然是第四种作用。

（本文刊于 2007 年《阅读与鉴赏》）

作文成功秘诀：选材要严，开掘要深

——两篇同话题作文的对比阅读与评析

【作文话题】

著名作家毕淑敏曾写过一篇《精神的三间小屋》的文章。她认为：人活在现代生活中，要为自己的精神修建三间小屋，第一间盛放爱和恨，第二间盛放事业，第三间用于安放自己。毕淑敏用三间小屋作为自己的精神空间，那么，你有没有精神空间呢？你若给自己构建精神空间，又是怎样的呢？

【失误作文】

我的三间精神小屋

①著名作家毕淑敏曾写过一篇题为《精神的三间小屋》的文章。她认为人活在现代生活中，要为自己的精神修建三间小屋，第一间盛放爱和恨，第二间盛放事业，第三间用于安放自己。毕淑敏用三间小屋作为自己的精神空间，我也有自己的精神空间。蜗牛背着背上的壳是它的精神小屋，青蛙在河床里钻的洞是它的精神小屋，麻雀在屋檐下筑的巢是它的精神小屋，我也在建造着自己的精神小屋。我的精神空间也有三间，第一间小屋盛放对读书的热情与兴趣，第二间盛放对纯洁友谊的渴望，第三间盛放不怕困难的精神和意志。

②走进我的第一间小屋，那里是满满的书。厚的是长篇巨著，薄的有五角丛书；中国的多，如古代的《搜神记》，外国的也不少，如《学习的革命》；满地都是。我觉得书籍是人类的阶梯，是饥饿人的粮食，是人类文明的象征。读书可以使我穿越时空的隧道，与那些古人交谈。与屈原探讨国家的兴亡，尽管"路漫漫其修远兮"；与司马迁体会生与死的抉择，要选择"重于泰山"；体会杜甫"不才明主弃，多病故人疏"中蕴涵的怀才不遇的郁闷心情，与孔子

一起治国、平天下。读书还可以使我领会《项脊轩志》中默默地坐着,万籁有声的情景;书籍使我与周恩来一起"为中华之崛起而读书"。

③走进第二间小屋,那里有如石之坚,如玉之润,如海之深的纯洁的友谊。朋友可以在你困难的时候给予你帮助;在你迷失方向的时候给你导航;在你郁闷的时候则是你发泄的通道;在你快乐的时候与你复制共享更多的快乐;在你悲伤的时候帮你分担悲伤烦恼。李白的《赠汪伦》中"桃花潭水深千尺,不及汪伦送我情"诗句妇孺皆知。管仲与鲍叔牙友谊很好,共同做生意、当官,更让人人羡慕。

④我的第三间精神小屋有取之不竭的精神财富——不怕困难的精神和屡败屡战的意志。我本来是一个胆小怯懦的人,《史记》上说:"古者富贵而名磨灭,不可胜记,唯倜傥非常之人称焉。盖文王拘而演《周易》,仲尼厄而作《春秋》;屈原放逐,乃赋《离骚》;左丘失明,厥有《国语》;孙子膑脚,兵法修列;不韦迁蜀,世传《吕览》;韩非囚秦,《说难》《孤愤》;《诗》三百篇,大抵贤圣发愤之所为作也。"这里所说的伟人都有不怕困难的精神和屡败屡战的意志,所以他们成功了。我明白了:哪怕以后身陷囹圄也不能自我消沉堕落,即使以后处于饥饿困顿的情形,也不能萎靡下去。人的肉体总是要死的,他们却将"人"字刻在了史册上,他们的名字和精神将永远流传。

⑤每一个人,生活在大千世界里,都应该有读书的热情,保持着对友情的向往和不怕困难的精神。这就是我的精神小屋。

【失误诊断】

失误1:题目平常,直接转用话题,这是懒汉式拟题法,又叫敷衍贴题。

失误2:开头材料大挪移。第①段虽然扣住了话题,但开篇采用的是完全抄引话题材料,令人反感,第一印象很差!

失误3:表述方法与语句顺序不当。第①段中"蜗牛"等句放置到开头较好,最好将比兴语言改为衬托。第②段中"古人"应该按时间顺序排列,表述整齐,条理才能清晰。

失误4:第②段中存在表意空泛,常识错误,前后不呼应,与主题若即若离等问题。

失误5：引用拘泥、呆板、单调。第④段原版引进《史记》上的大段语言，此乃作文大忌、硬伤之一。令人顿生背诵课文之嫌，拼凑字数之疑。毫无益处，反而是累赘，如果再有错别字，更麻烦了！

【升格指导】

（1）好的作文题目能先"题"夺人，给人以鲜明深刻的印象。"精神小屋"是形象的说法，"三间"更是以小寓大，可以"三间小屋有限，精神空间无限"为题，整齐有致，主旨凸显。

（2）开头可以采用"巧接材料妙引用"——概括引用的方法，压缩冗余内容，既接过材料这个"接力棒"，围绕"精神空间"这个跑道"驰骋"，又能快速转入自己的观点。

（3）对话题或材料内容应采用整合法概括，使句子的结构整齐，句法类似，语言整齐，读来琅琅上口，富有感染力。

（4）对于第④段引用的《史记》上的大段文字，我们可用变换多种方式引用的方法，每引一两个事例后便紧跟相关的评论或引申，既能避免"背诵课文之嫌""拼凑字数之疑"，又能增加文采。

（5）结尾要注意变换词语，升华主题。

【升格作文】

三间小屋有限　精神空间无限

胡峰娜

①蜗牛的小屋是背上的壳，青蛙的小屋是河床里的洞，麻雀的小屋是屋檐下的巢……它们安居身体的自然空间是有限的，而我的栖息灵魂的精神空间却是无限的。著名作家毕淑敏为自己修建了三间精神小屋，分别盛放着爱恨，事业与自己。我的精神空间也可分为三间小屋，第一间盛放着对读书的兴趣与热情，第二间盛放着对友谊的渴望和珍视，第三间盛放着克服困难的精神和意志。

②走进我的第一间小屋，那里满满的是让我拥有知识与力量的书。古今中外，应有尽有。薄的有五角丛书，厚的有四大名著；古代的有《搜神记》，当

代的有《学习的革命》……书籍伴我从一个顽童成长为一名学子，书籍让我明白了修身齐家治国平天下，书籍让我站在时代的高峰上眺望世界。读书可以使我穿越时空的隧道，与古人交谈。向孔子请教如何修身治国，和屈原同吟"路漫漫其修远兮"；感悟司马迁面临生死抉择的隐忍，体会孟浩然怀才不遇的郁闷，领略归有光"偃仰啸歌""万籁有声"的高雅境界。书籍使我有信心"为中华之腾飞而读书"。

③走进第二间小屋，那里有如石之坚，如玉之润，如海之深的纯洁的友谊。友谊是人生的财富。困难的时候，朋友可给你帮助；迷失的时候，朋友可给你导航；悲伤之际，朋友可帮你分担；快乐之时，朋友可与你共享……管仲与鲍叔牙互相举荐为相，友谊绵长，千古流芳；李白与汪伦的感情深厚，如"千尺潭水"，功名偕忘。

④我的第三间精神小屋最充实，最重要的是不怕困难的精神和坚忍不拔的意志，它使我从畏惧困难、缺乏恒心变得自信勇敢，迎难而上，敢于成功。《史记》告诉我，"唯倜傥非常之人"，才能名声远播；司马迁告诫我，"文王拘而演周易，仲尼厄而作《春秋》"，正是艰难困苦，才能玉我以成；从"屈原放逐，乃赋《离骚》；左丘失明，厥有《国语》"中，我逐渐懂得了失明不能使有志者悲观，被贬不能让有为者灰心。韩非囚于秦而《说难》《孤愤》名扬华夏，不韦迁于蜀而《吕览》誉满九州，这无不昭示着正是不怕困难的精神和坚忍不拔的意志在支撑着大写的"人"字！我发誓：即使以后身陷囹圄也决不消沉，纵然饥饿困顿也不能萎靡！人的肉体会很快地腐朽，只有精神才是不朽的！

⑤我将把对读书的热情提升为钟情，从珍视友情步入播洒友情，克服困难，奋勇拼搏，把自己的精神小屋构建成人生的精神大厦！

【升格解密】

这篇《三间小屋有限，精神空间无限》，可以说是对原文进行了大手术。首先把题目由"我的三间精神小屋"改为"三间小屋有限，精神空间无限"，使之整齐有致，凸显主旨。其次，针对材料使用存在严重不足的问题，把所有契合题意的材料全部采用整合法概括，使句子的结构整齐，句法类似，语言整齐，读来琅琅上口,富有感染力。而一些可有可无的材料,以及部分不太典范的材料,则一概舍弃不用。对于第四段的引用文字,则采用变换多种方式引用的方法,每引一两个事例后便紧跟相关的评论或引申,既使得论据充分,又显得行文灵动,能增加文采。

鲁迅告诉我们"选材要严,开掘要深",冯雪峰告诉我们"文学作品语言的好坏,关系着作品的生命,因为作品的内容是用语言来表达的"。这篇升格作文紧紧围绕选材与语言两大焦点精心裁剪,细加斟酌,使得行文紧扣话题,言简意赅,使文章议论更精当,意蕴更丰富,因而令修改之作成为一篇有情、有理、有文采的佳作。

横看成岭侧成峰　巧妙观察精彩呈
——写作指导

课上，我问班上的同学：教学楼前的那排白蜡树看起来像什么？平时喜欢在树下读书的几个女孩子抢先回答"像一把把的伞"，有个靠近窗户的同学说"从五楼望下去，像一个个的绿蘑菇"。我告诉他们，两个比喻都很形象，差别很大的原因在于——同学们选择的观察点不同。正所谓：横看成岭侧成峰，巧妙观察精彩呈。

【写作指导】

在写作事物说明文时，大部分同学觉得成文容易，写好难。综合常用的方法，我们归结出"一选二看三抓四按"的方法供同学们参考借鉴。

一选——学会选择观察点。

观察点就是作者观察事物的立足点，它可以固定在一处，也可以适当变换。观察事物时要选择好观察点是因为表现同一事物时，立足点不同，观察的"方位""角度"不同，呈现的面貌也各不相同，表达效果大不一样；描写事物时，要注意选择最佳的角度，做到移步换形，努力从多侧面、多方位、多层次来再现这个物体。如《人民英雄永垂不朽》一文，作者从东长安街出发，远望纪念碑，为了写整体形象；走到纪念碑阶前，为的是瞻仰纪念碑；踏上石阶、平台，为仔细观察四周的栏杆、碑座、碑顶和浮雕。这样不仅细致有序地介绍了纪念碑的全貌，还突出了纪念碑巍峨、雄伟、庄严的特点。

二看——远眺加近瞧看出事物的全貌。

远看事物，能够得到事物的整体特点，看清楚事物的整体轮廓，并不能将事物各个部分的具体情况掌握，这类似于粗线条勾勒。近瞧事物，能看出事物细致的特点，类似于细致刻画，能对事物各个部分有具体了解，但是缺乏一种整体感，有一叶障目的感觉。所以，我们描写事物时，把远眺和近瞧结合起来写，可以使读者对事物的整体和各部分情况有详细的了解，从而获得完整的印象。例如：阎伯理的《黄鹤楼》中"观其耸构巍峨"是远眺，给人整体印象，而"重檐翼馆，四闼霞敞"是近瞧，刻画细致入微。两者结合，这样一座完整的黄鹤楼就展现在我们读者眼前。

三抓——抓住事物特点，描摹特征。

找到所观察事物独有的特征，便抓住了其特点。写作时对其细致、具体、形象的描神、写形、绘声、绘色，把它生动、逼真地呈现在读者面前，使读者在脑海中浮现出栩栩如生的形象来。如《巍巍中山陵》一文，作者准确把握了中山陵"巍巍"的特点，无论是重点介绍建筑群体规模，还是详细介绍陵园的地理环境、具体位置、修建过程，都紧紧围绕这下特征，因而描写准确而又特色鲜明。

四按——观察按顺序，描写有条理。

事物的外观和构造各式各样，形形色色，千姿万状。写作时，可以从整体到局部也可以从局部到整体；可以从上到下，也可以从外到内。总之，要有顺序。从外面观察事物要着重从整体上进行描写，切忌写得支离破碎。从内部观察事物要细致，因此要按方位顺序依次进行介绍，这样才能条理清楚，让人看得明白。

【实例精讲】

虎滩中学——我可爱的家

虎滩中学处在利津县盐窝镇的最北部，从远处望去她像一片中间盖有几座楼房的树林。她更是我们700多名"小鸟"的家。我们每天都在这样一个环境优美，结构紧凑却布置精巧的校园环境中生活。（抓住学校的特点，作者写的准确，读者读的明白。）

从西面的大门进入校园，映入眼帘的便是在浓郁绿荫掩映下的雕塑，走近雕塑，可以看到它被四周花坛草地围绕，有着一个方形黑色大理石底座，底座正面写着"奉献"二字，雕塑的主题人物是一名短发女教师。雕塑的南面，有两座建筑，东侧是学生宿舍楼，西侧是学生食堂。雕塑的东面是实验楼，内设有多媒体专业教室、物理实验室、化学实验室和生物实验室，还有小阶梯教室。我们在这些教室，可自主动手实验，这对我们来说，是个很好的锻炼动手能力的地方。（以"雕塑"为立足点，定点观察把学校的布局写得层次十分清楚，鲜明逼真，有立体感。）

雕塑的正北面如翻开的书页的是我们的教学楼，总面积2025平方米，框架结构，共五层，每层中间的大厅开阔宽敞。里面除了16个班的教室外，还有美术、劳技、音乐专业教室和大阶梯教室。老师们的办公室分散在每层楼的两端。（按由外到内的方位顺序依次进行介绍，条理清楚。）

绕过雕塑和教学楼向北走，进入宽敞的操场。运动会，艺术节等文体活动在这里举行。运动员们在操场内飞奔，看台上啦啦队加油助威。他们的身影，仿佛又在眼前。从北面的门走出操场，沿过道向西看见一片冬枣林。树上绿叶浓密，枣子结的密密实实，这可是我们校园独有的一大亮色。（这段开始动点观察，顺序十分清楚，说明中穿插适当描写，给文章增添了生动活泼的气息。）

再向南转，穿过一条幽静清新的走廊往东，便又回到教学楼，向南拐出就是雕塑。回过头来，再看我们的校园，树木葱茏，花儿鲜艳，我们的青春在这里燃烧、怒放。这就是我们可爱的家园——虎滩中学。（首尾照应，饱含感情。）

【点评】小作者把对学校的介绍安排得很合理，先远望写整体印象，然后是近观局部介绍特点。找准"雕塑"这一立足点后，采用定点观察，运用由外到内的顺序分别介绍了宿舍楼、食堂、实验楼及教学楼，按参观顺序，又以动点观察的方法介绍了学校的运动场和冬枣林的布局。文中还运用到适当的叙述和描写，更使行文生动许多。

[失误剖析]

凤凰广场上的喷泉

只要你来到凤凰广场，你一定会被它吸引。它是什么？就是广场上的喷泉。（此处没说出"喷泉"的总体特征，留给人的印象是模糊的。）

喷泉水池的四周，摆满了各种石质的装饰造型，东西两侧是两个大球，正中间的就是遍身金黄,腾空飞翔的凤凰喷泉。周围盛开的鲜花:白的,像扑着粉、落了霜;红的,像披着霞、染了丹;绿的,像裹着玉、抹了油;黄的,像涂着蜡、镀着金……(喷泉在广场上的具体位置应该交代清楚,读者心里才能明白;介绍喷泉周围的景物时应该按着一定的顺序来写。)

喷泉水池正中的凤凰雕塑,是人民生活祥和的象征。从雕塑的正面看,太阳从东方即将升起,凤凰展翅欲飞,喷泉涌起时,水雾弥漫,犹如祥云当空。(只从"正面"一个观察点来写,怎能全面的展现出雕塑的神韵和特征?)

每到周末或节日,凤凰口中及雕塑周围的喷泉,随着音乐的节奏,或缓或急的射出几十注的水柱,它们在半空中稍稍停留,又哗哗地落下来,如烟、如雾、如尘。微风徐来,水沫轻拂你的脸、你的身,顿时你会感到一丝清凉和爽快,它们多像一个个顽皮的孩子,在与你戏水逗笑!当灯光投射在水雾上,它立刻会披上一条美丽的彩带:红、橙、黄、绿、青、蓝、紫。

夜幕降临,喷泉景色就更加迷人了。随着美妙、动听的音乐,股股水注时高时低,一会儿是蓝色的,一会儿又变成橘黄,一会儿火红火江,五光十色,变化多端,原来,水池里藏着各色彩灯,不断地变幻美丽的色彩。(上面两段对喷泉的观察和描写只是近距离的,缺乏对远眺喷泉时看到的景象的描写。)

【点评】这是一篇介绍单一事物的文章。喷泉作为广场上的主要景点之一,它的整体特征是很明显的,开篇介绍时应对其准确概括。在具体介绍喷泉之前,作者有必要交代清楚它在广场上的方位,以便读者立体的来感知。写喷泉周围景物时,应按顺序依次来写,先介绍清楚装饰造型,再说清周围盛开的鲜花位置及颜色,"正中……"一句对喷泉的介绍改放到第三段。对喷泉主体建筑物作静态介绍时,作者没能多角度、多方位的观察,所以"凤凰"的形象表现得有些单薄。最后两段对喷泉进行动态介绍时,若能再把视野放得开阔一些,加上远看喷泉时的景象,美丽的"喷泉"一定会给读者留下更加完整、难忘的印象的。

雏鹰展翅蓄势飞

一、雏鹰文学社简介

雏鹰文学社成立于1997年9月,现在拥有50多名社员,由各班文学爱好者组成。社员每年都有佳作不断见于报端。多年来,雏鹰秉承着"求真、创新"的精神,全社上下积极进取,不断创新,该社先后获第二届"海峡·冰心"杯全国青少年写作大赛"科学的故事"征文活动组织奖,第三届"新世纪"杯全国中学生作文大赛先进单位等全国性奖项。

二、雏鹰展翅

我爱我班

丁义秀

在一个明媚的秋日,快乐天使将我们一群人召集在了一起。于是39(3)班这个快乐的家庭便诞生了。

班里的每位成员早出晚归,为同一个目标奋斗。他们是一只只还没飞到天上的气球,正在充气,有知识,有期盼,也有自我。

他们每天都在战斗,攻下知识的碉堡就是荣誉。他们的武器只有一个——自己。他们的士兵只有三个——纸、笔、书。然而这些战友已经陪伴他们走过了近六个春夏秋冬。他们的信念:Fighting! Keep fighting!

这是一个幸福的家。

他们相亲相爱,有福必然同享,有难必然同当。

他们团结友爱,互相扶持,为人善良随和。

这是一个温暖的家。

当你伤心难过时，会有人给予你心灵上的安慰。

当你遇到困难时，会有人伸出援手，来帮助你而不求回报。

当你快乐时，他们愿意和你分享。

正是这些点点滴滴温暖的力量，凝聚在一起，支撑这个家。

相聚在39（3）班，我们时刻感受到她的骄傲与自豪。运动会上的崭露头角，广播操时的独领风骚，全校作文大赛时的锋芒毕露……一次次的成功绝非天赐。只有我们知道，为了取得这些成绩付出了我们多大的精力；一次次被评为星级班级，只有我们知道，我们还不够优秀，几次活动的夺冠并未达到优秀的标准，但我们一直在努力，相信我们会更好。因为我们都有着"心纳天地比海宽，志存高远凌绝巅"的广阔心胸；有着做人诚心，学习细心，友情真心，生活开心的学习、生活态度；更有厚积薄发，永不退缩，相亲相爱，超越梦想的坚强意志与远大目标。

前面的路还很长，但只要我们情相连，心相牵，载着梦想和希望，朝着成功的方向前进，前进，总有一天梦想就会变为现实！

点评：本文语言流畅，生动形象，长短句错落有致，读来朗朗上口。文中多处生动形象的比喻使文字灵动而活泼，更使小作者对班级的热爱与赞美之情深入人心、掷地有声。

那些给了我感动的补丁

李双双

五一长假，我在为麦琪辅导功课。

"麦琪，天上的云朵像什么？"

"天上的云朵，像羊群，像棉花。老师课上说过很多遍的，这道题我可是会的哦，表姐。"

"今天不出考题，但也没叫你说这些陈芝麻烂谷子式的句子。你说点儿听起来新鲜点儿的好不好？"

"嗯……，这……，像……不知道！"

"笨哪！"

"你不笨，那你说一个给我听听。"

"好，听着！天上的云朵像衣服上的补丁。"

"切，鬼才相信。像谁衣服上的补丁？净胡扯！"麦琪一脸的不屑。

"像我爷爷衣服上的补丁，别不信。这样，我讲给你听，然后你再看像不像好啦。"我一本正经地说道。

显然麦琪做好了听下去的准备。听说小笨猪从来没有承认自己笨的，事实也是！

爷爷年轻的时候，穿的衣服全是粗布的。

"他还挺够环保、时尚的。我爸爸现在也穿粗布的呢，今年流行。"

"除去打岔你还会干别的吗？不想听了？要不今天你背单词？"

他穿粗布尽是被穷给逼的。奶奶手工织布，然后再做成衣服。当时一件衣服的寿命，用奶奶的话说是新三年，旧三年，缝缝补补又三年。不过，让奶奶最骄傲的是，在那样的年月里，她没让干泥瓦匠的爷爷穿过外面带补丁的衣服。为此，她赢得了全村妇女们的赞赏。

当然，奶奶有她秘不外传的独门绝技哪！

原来，奶奶在给爷爷做衣服做到快收尾时，现将衣服翻过来，在袖口、肩头等易损部位用同样的布料做成双层。用她最小的针，最细的线，连丝挑缝，完工时，衣服外面不留半点痕迹。

"她怎么不等衣服破了再补呢？"麦琪忍不住问。

傻瓜，等破了的时候，衣服很旧了，补丁色新，很扎眼，不好看的。这样先补上，等衣服破时，它们一点也不显。当然，这些全是听奶奶说的。

"原来是这样啊！"

麦琪好像什么都明白，其实，她哪里知道这些补丁带给我的感动啊！

奶奶是个不善言辞的人，在贫穷的岁月里，她却有着这样的心思对衣服、对爷爷。爷爷呢，一个干粗重活的汉子，他肯定对衣服很爱惜，那更是对奶奶的疼惜。

那些我们没见过却质朴的补丁哟，让我懂得了，爱的意义不只是甜美的言辞和激情的举止；爱的质量也不受环境和对象的限制。

这些也正是我要告诉麦琪的。

"麦琪，你在干什么？"

"表姐，你快来和我一起看那些像补丁的云朵啊！别说，它们还真有点儿像呢！"

点评：发现新素材需要眼光，从常见材料中挖掘出新意则属能力。作者于"外"能从云朵联想到补丁，于"内"能从日常生活细节揣摩出爱的意义与质量，没有平时的"厚积"是不会有这关键时刻的"薄发"的。文中人物的语言很有个性，极具生活气息，给人"口之于味，有同嗜焉"的感觉。

让我们还课堂更多"人性、人情、人道"味

课堂上主体与客体应是动态变化的。课堂教学应是师生间的一种"交往",不是"教师的教""学生的学"的机械相加。

某日,我听了一天县级骨干教师执教的公开课,老师们讲得每堂课都是经过精心准备的。课堂上或有提问、或有讨论,课堂气氛显得活泼热闹。但我发现——学生们得到的体验几乎和平常上课没什么区别。我禁不住陷入沉思:我们的课堂到底缺点儿什么呢?

我是这样来定位课堂教学的本质的:我觉得在课堂上主体与客体的角色应该是动态变化的。课堂教学离不开学生,也离不开教师。学生是人,老师也是人,那么课堂教学就是老师和学生也就是人与人之间的一次次的"交往"。教师把课堂教学理解为——人与人的交往,便昭示着教学不是教师的教、学生的学的机械相加。对教学而言,交往是弥漫、充盈于师生之间的一种教育情景和精神氛围。对学生而言,交往意味着心态的开放、主体性的凸显、个性的张扬、创造性的解放。对教师而言,交往意味着上课不是传授知识,而是一起分享理解;上课不是时光的耗费,而是专业成长和自我实现的生命活动过程。交往还意味着教师角色定位的转换,教师由教学中的主角转向"平等中的首席",从传统的知识传授者转化为现代学生发展的促进者。

如果在教学中只有教学形式的表现而无实质性的"交往"发生,那么这样的教学是"假教学"。多年的教学实践告诉我们,在"交往"的过程中,当学生渴望从教师那里获得时,教师就是主体;当教师渴望从学生那里获得时,学生就是主体。其实,每堂课的教学内容不同,主体与客体的位置也应当不同,所以课堂是丰富多彩的,课堂气氛也不应当只有一种。

在课堂上通过"交往",重建人道、和谐、民主、平等的师生关系,这是我们提高教学效率的必要条件。当然,任何一种交往都有互惠性,而教学过程更要体现互惠性。如果在一堂课中,学生不能从老师那里得到什么;老师也不能从学生那里体会到什么,那么这种师生间的"交往"是失败的。师生间、学生间动态的信息交流,通过信息交流实现师生互动,相互沟通、相互影响、相互补充,从而达到共识、共享、共进,这是教学相长的真谛。

要想和学生达到心灵上的沟通,我们首先要具备民主、平等的意识,能从理论的高度去看待我们的教育及教学,有对本学科特点的深刻认识,并能将教育思想巧妙的渗透在知识的教授之中,具备高超的说话技巧,能点燃学生思维的火花。所以有人说"二流的教师是教书的,一流的教师是教人的"。

我想,理想的课堂教学应当是充满人性、人情、人道的,充满生命力的课堂教学。我们的课堂可能缺少的就是这点味儿吧。

滴水成海　聚沙成塔
——我看语文教学中的"得"

无论中学还是小学，语文教学都应该致力于学生语文素养的形成与发展。在教学中如何培养学生的语文素养呢？

我特别注重两方面的引导——首先，教会学生好好说话，能够运用多种表达方法，能够在恰当的环境恰当地表达；其次是能把内心的东西完整、清楚、有重点地表述出来。

我有次参加"东营市青年骨干教师讲课比赛"，要求讲人教版八年级上册的《登岳阳楼》。由于时间已近期末，内容学生已经学过了，按常规上法再把课文"秀"一遍是行不通的，因为学生通过这节课学习，并不会得到语文素养某一方面的提高。于是我决定选取紧紧抓住诗中的"悲"入手——引导学生体会并说出作者"为何而悲""悲在何处"进而怎样"表达悲情"？我的这节课就是要让学生学说和学诗人表达"情感"的方法并能在以后的生活中恰当地运用。这节课被我上的没有了以往诗歌教学的沉闷与枯燥，学生还学会了学以致用，所以得到了评委老师的肯定。

由这节课我领悟到——一节课重点训练一个内容，让学生学会一点，学好一点，会运用一点就足矣。因为只有懂了，会了，才算是"得"了。这需要我们做教师的要转变传统的"只管讲，不管用"的教学方式，假以时日，自己一定能形成大"得"与小"得"，分"得"与总"得""得得相联系"的完整的和有特点的教学风格，能使自己的语文课堂教学能力知识化，知识能力化，一课能一得，课课相连，从而一而十，十而百，百而千，千而万，"滴水成海，聚沙成塔"，形成完整的知能体系，何愁学生语文素养不会提升？

最美的遇见

——远程研修有感填词两首

苏幕遮

东风拂，暮雨至，天公作美，伏雨消暑气。柳照清泉鱼戏水，浓云无意，俯瞰清泉流。

名师班，专家团，群英荟萃，研修网上驻。观视频发评论交作业，妙笔生花，盼专家眷顾。

雨霖铃

酷日隐退，研讨浓烈，风雨无畏。办公室悄无声，屏幕前，智慧纷飞。对接课例研究，怎出奇入味。想研修，殷殷期盼，专家名师组团队。

学习莫要时光费，难能指导直面对！勤学善问何用？新学年，教艺变蜕。用心研修，馨香沁人人染醉。沉潜积蓄臻至善，君与相于盼？

（于2012年刊发）

破茧而出

——《从百草园到三味书屋》教学实录

师：上课，同学们好！

生：老师好！

情境导入——

同学们，你记忆中童年最有趣的事是什么，谁愿意与大家分享一下？（生说）让我们穿越时空，紧随"小导游"童年鲁迅的身影，一同去游览他当年玩乐的百草园和学习的三味书屋。旅程开启前，让我们明确目标——

出示目标——

生读：

1. 了解作者在百草园和三味书屋的生活状况，理解作者对童年生活的怀念和留恋。

2. 学习本文鲜活生动的语言，领悟文中的写景的手法。

3. 品味作者的成长历程，感悟成长。

我们出发吧——

（一）游览百草园

师：请同学们浏览课文1—8段。

提示：快速浏览并思考——你会选择哪个季节去？为什么？然后四人一组讨论、交流。

班上交流：

生1：我选择冬天去，因为可以玩雪并且能捉麻雀。

师：好，现在我考考你，在百草园里怎么捕麻雀，不准看课本，其他同学听一听，他的方法行不行？

生1：用一截木棍支起一个筛子，在筛子下面撒些谷子，用绳子拴着木棍远远的拉着，看到麻雀走到筛子底下，一拉就能罩住麻雀。

师：你们觉得这种办法行吗？

生2：应等雪下得大一些，麻雀找不到吃的时，扫出一块空地，放谷子太浪费，用秕谷就行。

师：经过这两个学生的合作同学们满意了吗？

生（齐声）：满意了。

师：好，下面把刚才同学说的动词画出来，同学们要养成及时画出重点的习惯，这些动词用得非常准确，福楼拜曾经说过表达某一个动作只有一个动词最合适。同学们齐读一下这一段，注意画出的动词要重读。

生齐读第7自然段。

师：我建议同意冬天去百草园的同学经常与鲁迅联系，下雪时好去游百草园。

生边笑边点头。

师：同学们继续说出自己的选择。

生：我想春天去，因为春天百草园里一片生机勃勃的景象，有很多美景。

师：请你找出描写美景的句子，读一下。

生读第2自然段。

师：春天的有，春末夏初的也有，你春末夏初去最好。

师：其他同学继续说。

生：我想秋天去，因为秋天可以吃桑葚。

师：桑葚是什么时候成熟？

生齐声：春末夏初。

师：对，我建议你们组和刚才一个组都在春末夏初去。

生：我们想秋天去，因为秋天可以捉蟋蟀和蜈蚣。

师：好，看来百草园春夏秋冬景色不同，趣味无穷，随时都可以去。

我给大家读一段，大家感受一下怎么样？（师随便读而且删掉一些形容词）

生评价：

生：你读的不怎么样，没读出感情。

师：应怎样读出感情，你示范一下。

生有感情地读。

师：你读得真好，读出了作者那种轻松愉快的感情，我一定向你学习。

生：你如果声音大一些，感情再丰富一些会更完美。

师：谢谢你给了我鼓励，更完美说明你觉得我读得还可以。

生："单是……弹琴"应读的快乐些。

师：好，你示范一下。

生读。

师：你读得确实很好，重音很突出。

师：你们觉得我有读错的地方吗？

生：有，你落掉了"碧绿""光滑""高大""紫红""肥胖"等一些词语。

师：可是按我刚才读的也能把想要介绍的都介绍了，为什么还要加上这些词？

生：那样不生动，影响了我们的心情。

师：对不起，我这样读让你感受不到那种轻松快乐的心情，我一定改，真是"三人行，必有我师焉呀"！

师：这段描写，景物有14种之多，但是却让人没有丝毫杂乱的感觉，你们想知道原因吗？请看视频——

生：观看微课视频。

师：在游览的途中还能有知识的采撷，同学们不虚此行啊！

师：老师提示大家晚上在百草园需要特别注意，谁能帮忙提醒一下？

师：我们是不是就不能去了？

生：没事，那只是个神秘而美丽的传说。

师：对，因为百草园太吸引人了。

师：随着时光的流逝，鲁迅也到了上学的年纪，告别百草园，他被家人送到了——（三味书屋），他最初的心情是怎样的？实际情况真是如此吗？

生回答。

（二）探访三味书屋

师："三味书屋"究竟是个什么样的地方？今天，就让我们一起跟随童年的"鲁迅"走近三味书屋去探访一番。

屏显——

【链接】私塾是我国古代私人设立的教学场所，在中国有两千多年的历史。它招收学童入学，以启蒙识字、四书五经为学习内容，十分重视对学生思想品德和生活习惯的教育，一般有严格的规矩。三味书屋是当时绍兴城里有名的私塾。鲁迅长大了，家里把他送到三味书屋读书了。

生：读。

师：请认真阅读写"三味书屋"的10—24段，圈点批注，并写下你对三味书屋的认识。

提示：

三味书屋的陈设_____先生_____教材_____规矩_____戒尺_____学生_____课堂_____后园_____好一个充满_____的三味书屋！

生读书并批注。

生：三味书屋的陈设类似一张方桌，几把八仙椅子。

生1：老师，这让我想到农村娶媳妇时，男方吃席时的摆设，很有趣。（众人笑）

师：小伙子，老师非常认同你的见解。

生2：请大家看第二十四段——"先生读书入神的时候，于我们是很相宜的。有几个便用纸糊的盔甲套，在指甲上做戏。我是画画儿，用一种叫作'荆川纸'的，蒙在小说的绣像上一个个描下来，像习字时候的影写一样。读的书多起来，画的画也多起来；书没有读成，画的成绩却不少了，最成片段的是《荡寇志》和《西游记》的绣像，都有一大本。"

师：好！你在这里先稍微停一停好吗？我刚才听到有一句话你是这样读的，

"有几个便用纸糊的盔甲套——",你再把这句话读给大家听一下。

生2:有几个便用纸糊的盔甲套在指甲上做戏。

师:噢!是盔甲,套在指甲上做戏,不是盔甲套——在指甲上做戏,好的,你给大家读这一段文字,想告诉大家什么?

生2:他说是"于我们是很相宜的"。

师:什么东西"于我们是很相宜的"?

生2:"先生读书入神的时候,于我们是很相宜的"。

师:那么"我们"就趁机干什么啦?

生2:所以我们就趁机"便用纸糊的盔甲套在指甲上做戏"、画画。

师:"我们"是谁?包不包括周小朋友啊?

生2:应该不包括吧——哦,包括的,包括的。

师:呵呵,"包括的,包括的,"你有根据吗?

生2:因为后面他说——

师:嗯?好像发现不对了,再仔细看看文章,整理一下思路,"用纸糊的盔甲套在指甲上做戏"的是——

生2:应该是不算周树人小朋友的。

师:啊,原来做戏玩的只是他的小伙伴们,周小朋友呢?

生2:他后面写"我是画画儿"。

师:"我是画画儿",而"我"画的画是什么画?名侦探柯南?

生2:不是。

师:是什么?

生2:绣像。

师:噢,从周小朋友做的事情中,咱们可以看到他真是一举两得啊,一是画画,二是干什么?——他在看什么呀?对啊,看小说啊,是不是这样?这当然是很有乐趣的事情,虽然在课堂上读小说先生肯定不会允许的。接下来我们看看还有别的吗?好,你来说说看?

生3:"我疑心这是极好的文章,因为读到这里,他总是微笑起来,而且将头仰起，摇着，向后拗过去，拗过去。"

师：这段文字你为什么要读给我们听呢？

生3："先生他读书总是读得很入迷，将头仰起，摇着，向后拗过去。

师：先生读书读得入迷的样子很有意思，他脸上很有表情的，什么表情啊？

生3：总是微笑起来。

师：哎，还有动作，什么动作呢？

生3：将头仰起，摇着，向后拗过去，拗过去。

师：这个动作我们可是做不来的，但是读书入迷的先生他做起来真是毫不费力啊，是不是？鲁迅先生写这篇文章的时候已经四十几岁了，他回忆起好多年前先生的这个样子，还能把他写得那么生动，可见印象有多深啊！你们能不能想象一下，当时周树人小朋友在看先生读书的时候，又是什么表情呢？

生3：他看呆掉了。

师：哈哈是啊！不但这样，他还产生了一种想法呢，什么想法啊？

生3：他疑心这是极好的文章。

师：他由先生读书的样子感觉到先生读的文章一定是极好的文章，爱读书的周小朋友遇到同样爱读书的寿老先生，真是不亦乐乎啊！好的，你请坐。你说说看。

生4："人们便一个一个陆续走回去；一同回去，也不行的。他有一条戒尺，但是不常用，也有罚跪的规则，但也不常用，普通总不过瞪几眼，大声道：'读书！'"这一段让我觉得先生挺爱护他的学生。

师：为什么呢？

生4：因为他有戒尺不常用，也有罚跪的规则，也不常用。

师："不常用"，"也不常用"，抓得真好！嗯，在那个时候私塾先生体罚学生好像是挺多的。

生4：挺多的。

师：那么在这里呢，这位先生却是——

生4：不常体罚学生。

师：所以秦嘉睿同学给这位先生一个评价，对学生很爱护的，挺有爱心的，对吧，好，你请坐。不过，刚才秦嘉睿同学不是从"他有一条戒尺"这里开始读的，他是从"人们便一个一个陆续走回去；"这里开始读的，这句话是和上文中另一件事联系在一起的，本来刚才我们有同学提到了，小朋友们一开始的时候是在干什么呀？在后花园里面在玩呢，是不是，那么我们再连起来读读看，沈思成来给大家读一下。

生5："三味书屋后面也有一个园，虽然小，但在那里也可以爬上花坛去折蜡梅花，在地上或桂花树上寻蝉蜕。最好的工作是捉了苍蝇喂蚂蚁，静悄悄的没有声音。然而同窗们到园里的太多，太久，可就不行了，先生在书房里便大叫起来：'人都到那里去了！'人们便一个一个陆续走回去；一同回去，也不行的。"

师：好，就读到这里，你发现了吗，在这几段话当中，有好几个表示转折的词语，咱们来找找看。

生5：第一个是在第十七小节"但在那里"。

师：噢，就是前面他说，虽然小，但在那里，也可以——

生5：爬上花坛去折蜡梅花，在地上或桂花树上寻蝉蜕。

师：噢，如果这一句话是转折的话，他强调的是转折之前的那半句，还是转折之后的那半句？

生5：应该是之后的。

师：噢，这句话其实是强调在三味书屋里也有好玩的东西，对吧。好，接下去，你再找下一个转折在哪里？——还是在本段当中还有一处转折。

生5：然而。

师：噢，然而，你再把这句话读一下，然而怎么样呢？

生5：然而同窗们到园里的太多，太久，可就不行了，先生在书房里便大叫起来："人都到那里去了！"

师：噢，这一重转折他是在说什么呢？

生5：他在说不能有太多的人到园里去，否则先生就会发现我们。

师：只是不能有太多人吗，还有不能怎么样？

生5：不能太久。

师：对，不能时间太久，否则的话先生就要开始大叫了，是不是，好，接下去第十九小节，人们便一个一个陆续走回去，一同回去，也不行的。沈思成同学给大家读完之后，有没有想起什么啦？周小朋友在百草园里能玩到什么程度呢——能爬到泥墙上去拔何首乌，牵连不断地拔，他想怎么玩就怎么玩，在这里就有一点区别，区别在哪里呀？

生5：区别就是在百草园想玩多长时间就玩多长时间，但是在三味书屋后面的那个园里面不能太久。

师：不能太久，而且还不能——

生5：而且还不能太多人。

师：对，不能太多人，书塾里毕竟是有规矩的。接下去我们再看看还有哪些事让你们觉得挺有乐趣的？

生6：于是大家放开喉咙读一阵书，真是人声鼎沸。

师：什么叫"人声鼎沸"？

生6：课下注释里说是指人声喧闹的意思。

师：很好，就是孩子们读书读得像小菜场一样喧闹，是不是？

师：这件事情好像在鲁迅先生的笔下也写得挺有意思，是不是？好，那么接下去我们再来看看还有别的么？刘欣同学来说说看。

生7：从一扇黑油的门进去，第三间是书房，中间挂着一块匾道：三味书屋，匾下面是一幅画，画着一只很肥大的梅花鹿，伏在古树下，没有孔子牌位，我们便只对着匾和那幅画行礼。第一次算是拜孔子，第二次算是拜先生，我觉得这段话对孔子来说是很新鲜的。

师：对谁来说是很新鲜的？

生8：呃，是鲁迅。

师：对啊，是鲁迅，小鲁迅，或者是周树人小朋友。你从哪儿看出来，他觉得很新鲜的呢？

生9：因为一般的书塾里是有孔子牌位的，而这家书塾里面是没有孔子牌位，而鲁迅和他的朋友们，就对着那匾和鹿行礼。

师：也就是说他们第一次进去以后的拜师的仪式似乎与众不同啊，在周树人小朋友的眼睛里是挺新鲜，挺好玩，是吗？

生10：嗯。

生11：我觉得三味书屋里的先生，应该看出了我是比较喜爱读书的。

师：他看出了我是喜欢读书的，还有，我们从一些资料中也知道，周树人小朋友在读书方面也表现出来极好的天分。所以先生怎么样啊？

生12：所以先生就单单给我读的书渐渐加多。

师：给我读的书渐渐加多。而且也从三言到五言再到七言，有的同学可能会说这不是给我加重负担吗？但是从周树人小朋友这个角度来讲，其实先生是在给他开小灶呢，鲁迅先生写这段话，可能是也在告诉我们，他的先生对他格外赏识，格外的关照，他的读书很有进步，他真有点小小的得意呢，这其实也是一件很开心的事情，是不是这样子的？三味书屋的生活中开心的事情有很多，我们来看看还有没有别的？你说。

师：刚才我们讨论第十到第二十四小节的时候，发现原来在三味书屋的生活当中，也有很多有乐趣的事情，现在在我们来概括一下，三味书屋当中的乐趣都有哪些呢？哪位同学来给概括一下，你说说看。

生13：我认为第一个是拜师。

师：啊，第一个是拜师，前面如果让你加上一个词语的话，就是什么样子的拜师啊？

生14：与众不同的。

师：好，第二个呢？

生15：第二个是可以在后花园玩。

师：可以在后花园玩，只不过这个玩不能大鸣大放的，是什么，偷玩，第三个呢？

生16：第三个是有口无心地读书。

师：第四个呢？

生17：是观察先生读书的样子。

师：好，还有吗？

生18：偷偷地开小差。

师：当然，开小差就是开小差，他肯定不能大鸣大放地开小差，是吧，那我就只写"开小差"了，其他的没有了，好，你请坐，陈铭还有补充，你来说说看。

生19：在花园里玩。

师：哦，在花园里玩，刚才她已经说了，就是在花园里偷玩，对不对？好，你请坐。这都是在三味书屋的生活当中很有乐趣的事情。上节课，我们读本文前半部分的时候感受到在百草园生活当中有很多的乐趣，大家有没有发现，这个三味书屋的生活，和百草园的生活，虽然同样都有乐，但是这两段生活的乐，却似乎有所不同，你们觉得百草园的乐是什么样子的乐啊？你说说看。

生20：我觉得应该是无拘无束的乐。

师：无拘无束，非常好，就用你这个词。那么三味书屋的这个乐呢？我们用什么词来形容呢？

生21：偷偷摸摸。

师：换个词？

生22：学中作乐。

师小结。

探究——

师：通过本文的学习，你看到了一个怎样的童年鲁迅，依据是什么？

提示：（　　　）的童年鲁迅。

生23：我看到了一个活泼可爱的童年鲁迅。

生24：我看到了一个天真调皮的童年鲁迅。

生25：我看到了一个爱读书的童年鲁迅。

师：大家是各有所获。

师：现在的成年的"我"回忆童年时期百草园和三味书屋的生活时有些什

么感慨？找到文中写成年的"我"的心理的句子，体会作者的思想感情。

生 26：读——文章开头写道，百草园"现在是早已并屋子一起卖给朱文公的子孙了，连那最末次的相见也已经隔了七八年，其中似乎确凿只有一些野草"；结尾写道："他（买'我'的画儿的同窗）的父亲是开锡箔店的；听说现在自己已经做了店主，而且快要升到绅士的地位了。这东西早已没有了罢。"表达了鲁迅的留恋与不舍。

师：这两处完全是历经波折的成年人对物是人非、家道变故的感慨，透露出作者对百草园、老屋、儿时读书生活的留恋与怀念之情。

师总结——

今天的游览即将结束，我们不难发现，贯穿《从百草园到三味书屋》全文的，是甜美的欢乐的回忆，是一颗天真调皮的童心，这也正是这篇散文的意境美和韵味美之所在。下课，同学们再见！

生：老师再见！

实践反思

文本解读中"主旨"应在细微处精研

于漪老师说："语文教师进行文本解读，就是要指导学生正确地进行文本解读，有效地提高他们的阅读能力、欣赏能力、审美能力。这和休闲阅读是两个概念。"

细想下来，那么教师如何对文本中潜在的深沉的"精神"进行有效挖掘？如何指导学生在具体的语言形式中感悟文本主旨？如何在有限的课堂四十分钟里，帮助学生建立思考模式，促使学生的思维能力发展和提升？于漪老师又给出了有力的建议："阅读一要抓语言，这是核心；二要抓理解；三要关注思维模式。思维模式既要讲整体感悟，又要咀嚼细部。关注细节是非常重要的。"文本中的一个字、一个句式、一个消失物等细枝末节都有可能对主题起到凸显作用，教师在文本解读的过程中研磨这些细微之处，能促使学生积极主动地进入文本进行有品质的思考，读懂作者心灵的声音。

一、关注副词，深度理解主旨

小小的一个副词，是作者在行文中最常使用的语言形式，可也常常被读者所忽略。

著名作家史铁生的《秋天的怀念》最后一段写道："黄色的花淡雅、白色的花高洁、紫红色的花热烈而深沉，泼泼洒洒，秋风中正开得烂漫。我懂得母亲没有说完的话。妹妹也懂。我俩在一块儿，要好好儿活……"这段文字中的"妹妹也懂"的"也"字起初颇让人费解；在想通作者的用意之前，我也是将本文的主旨定位在母亲深沉、痛楚的大爱和牵挂以及作者对母亲的怀念。

"妹妹也懂"的"也"字让我重新审视文本。文中对"我"和母亲的描写细腻丰满，感染强烈。可文中还有一个人物——"妹妹"，却常常被忽略。文中直接间接写到"妹妹"一共五次：①"后来妹妹告诉我，她常常肝疼得整宿整宿翻来覆去地睡不了觉。"②"我那个有病的儿子和我那个还未成年的女儿……"③"妹妹推着我去北海看了菊花。"④"妹妹也懂。"⑤"我俩在一块儿，要好好儿活……"

这是作者落笔极省却对表现母亲形象极为重要的人物，也是作者在写作时故意留白却留给读者极大的想象空间的人物。母亲去世后，"我"懂得了什么？"我"懂了母亲说的话：要好好儿活。"妹妹也懂"？这个"也"字强调了妹妹懂得母亲所说的"要好好儿活"。妹妹遇到了什么，也要"好好儿活？"这个"也"字如推倒多米诺骨牌的那股微小却巨大的力量，促使我根据文章内容和写作背景，用大量的想象来填补妹妹面临的情形：①痛得整宿整宿翻来覆去睡不了觉的母亲（妹妹怎么知道）；②脾气暴怒无常、身有残疾、自暴自弃的哥哥（妹妹会看到什么、听到什么）；③未成年（史铁生比妹妹大十三岁，他21岁双腿瘫痪时，妹妹才8岁！）。让我们再来看看文中的"我"和母亲各自面临着什么样的情形：

"我"：双腿瘫痪。

"母亲"：①身患重病（身体上）；②身有残疾、自暴自弃的儿子（精神上）；③未成年的女儿。

这样一比较，才发现三个人物中，恰恰是"我"所面临的苦难最少。那么在面临苦难时各自的表现又如何呢？

"我"：脾气暴怒无常；活着什么劲；看不见；不知道；绝没有想到。

"母亲"：忍——忍住哭声；忍住病痛；忍着儿子的暴怒无常和不耐烦（爱！）

"妹妹"：害怕、绝望（参考材料：史岚《我和哥哥史铁生》）。

"妹妹也懂"的"也"暗示三个人物都正在经历着生命中的苦难。可双腿瘫痪的"我"似乎心灵也"瘫痪"了，只顾沉浸在自己无法自由行动的"苦"中，却看不到一心为儿子的母亲的"苦"，也体会不到未成年妹妹的"苦"，是母亲用生命唤醒了"我"，让"我"体会到了母爱的伟大，而对苦难的怀念，是为了明白往后余生要像母亲那样"好好儿活"！

副词真的不"副"，关注"也"字这一类副词，有时会让解读更深，因为更深，教学设计自然会有更好的创意，课堂教学自然游刃有余，这样就可以帮助学生撬动整个文本，设疑提问，唤起学生探究文本的求知欲。在对一个副词的品读中，学生自然地再次走进文本，与作者进行心灵对话，探究作者心灵深处的声音。

二、巧换句式，正确理解主旨

一个不起眼的句式，却潜藏着作者深刻的用意。在语文教学中，要敏锐地捕捉作者语言形式中带有的心理动机，深入揣摩作者的言语思维，准确理解作者的情感和意图。

很多资料都显示，欧·亨利的名作《二十年后》的主题是对资本主义上升时期的美国社会的深刻批判。这是通过鲍勃和吉米这两个人物形象体现出来的，鲍勃是"高度的社会文明"的牺牲品，吉米则是被"高度的社会文明"扭曲的灵魂。读过很多遍文章后，我有不同看法，尤其是对吉米的形象：怎么就是"高度的社会文明"扭曲的灵魂了？我觉得最悲哀的就是吉米，因为他看到鲍勃把自己当作最信赖最友好的朋友，还是很感动很欣慰的，可惜此时却要履行自己的职责将他送进监牢，况且这不是一个大盗的百密一疏，而是自己的好朋友将信任付与这金兰友情。

我这么说的依据是文本中吉米为数不多的五句话，其中有三句是反问句：

①"你离开以后没有接到朋友的信吗？"②"你在西部干得不坏，是吗？"③"我要走了，希望你的朋友会来。他能准时来吗？"

我们试着把这三句反问句变成陈述句：①你离开以后接到朋友的信。②你在西部干得（了）坏（事）。③我要走了，希望你的朋友会来。他不能准时来。

通过这三个反问句式，我们明显看得出来吉米有多么纠结。欧·亨利的小说结尾闻名遐迩，往往以出人意料的结尾收煞全篇，所以研读欧·亨利小说的主旨也不妨采用"倒读法"——先从结尾入手。结尾部分，吉米纸条上的信息量很丰富，归纳起来有：①"我"知道你鲍勃是一个通缉犯。②今天是我们二十年之约的日子，"我"也准时到达约定的地点。③你擦火柴点雪茄时我确认靠墙站着的人就是你鲍勃。④"我"从来也没忘记你是我的朋友，"我"甚至一直关注我们约会的地点——大乔·布雷迪餐馆，"直到五年以前，它才拆掉了"。⑤你是通缉犯，我是警察，可你是我的朋友，我暗示你很多次，你却茫然无知，我不能亲自下手抓你，因为你是我的朋友，可作为警察，"我又不得不找到一个便衣警察做这件事"……

抓住了反问句式，就可以替吉米"洗清冤屈"——他不应该被贴上"高度的社会文明"扭曲的灵魂这样的标签。在这个"一阵阵寒风带着雨意"的夜晚，他找到了自己的老朋友，他也找到了罪犯。作为老友，感情深厚，而作为警匪，天生死敌。

这三个反问句式，也许是作者最终想表达的一种主题：体现某一时代背景下的人物对友谊、人性的矛盾与挣扎。这三个反问句应该是文章中最具特色的一点，是用客观的、不含褒贬的语言，来体现人物面临困难选择时的矛盾和挣扎。在作品之外，作者留下了丰富、广阔的空间来让我们思考社会或人性。

利用句式特点，带领学生深入文本思考，可以调动学生思维的灵敏度和活跃性，可以扩展学生思维的深度和广度，可以引领学生解读出文本的真谛。

三、找回消失物，重新理解主旨

所谓"找回消失物"是指作者在前文中还多次描写的"物"，在后文最关键的描写中却消失了，这也是一种"反常"，就是文本中表现出来的不合乎情理之事，或是文中人物不同于常人的行为、情感。可以这样说，你在文本中捕捉到的反常之处，若不是作者的匠心独具，那便是隐藏着一个不为人知的情感秘密，教师对此要追根究底，必要时还要查阅相关资料。

在准备《我的叔叔于勒》一课时，虽然刻意回避"资本主义社会赤裸裸的金钱关系"这样的说法，但一时间还未揣摩好莫泊桑到底要通过这一短篇小说表达什么意图：是批判以菲利普夫妇为代表的小市民的势利、贪婪、冷酷、丑恶的灵魂，还是对以于勒为代表的一类人表示同情？

之所以重新定位这一文本的主旨，是因为我在翻阅学生的预习作业时，发现他们的问题：于勒有没有认出菲利普呢？学生的这个问题让我重新回到文本，找寻于勒有或者没有认出菲利普的依据；并且思考，如果于勒认出了菲利普一家，那他为什么不与对方相认呢？

正如后来课堂上所呈现的，在教师的指引下，学生找到了于勒消失的"眼睛"、躲闪的眼神，甚至还体会到了于勒简到不能再简的话语以及几乎没有的动作……

第37段，"一个穿得破破烂烂的老水手用小刀撬开牡蛎壳后，递给这两位先生……"，这里虽然因为"我（小约瑟夫）"离得较远，没有直接写于勒的眼睛，但用动词"递"表现出来了，"递"是需要眼神交流的，此时于勒跟他人还有眼神交流。第57段，"他又老又脏，满脸皱纹，眼睛一直不离开手里的活儿"，这里明确描写了于勒的眼睛，值得关注的是，此时，菲利普似乎认出了于勒，那么于勒到底有没有认出菲利普呢？我们先看第93段的描写："我注意他的手，那是一只布满皱纹的穷苦水手的手；我又注意他的脸，那是一张衰老艰辛的脸，满脸愁容，疲惫不堪。"此刻是"我（小约瑟夫）"近距离观察于勒，看到了于勒的手、于勒的脸，就是没看到于勒的眼睛，那么于勒的眼睛哪去了？是于勒把它藏起来了：起初是"一直不离开手里的活儿"——撬牡蛎壳这个活儿并不精细，不必一直盯着；到了约瑟夫跟前，于勒不用眼睛跟他交流，怕他认出自己来。

这一些都能表现出于勒其实已经认出了菲利普，再说于勒面貌虽饱经沧桑，变化很大，可菲利普还是认出来了；而菲利普样貌变化并不如于勒大，于勒当然也会认出菲利普来。可是他没有与菲利普相认。为什么呢？学生的困惑也困惑着我，我只有再到文本中去找寻。这一次，我发现了于勒的变化，发现了菲利普夫妇的变化，也找到了这篇课文的突破口："可怜之人也有可恨之处"（于勒），"可恨之人也有可怜之处"（菲利普夫妇）。这样也就能理解作者用笔的详略。你看，他写于勒，"可恨"之处很少，"可怜之处"很多；而他写菲利普夫妇，"可恨"的地方很多（各种描写、四处对比、细节），"可怜"之处却很少。我似乎明白莫泊桑的意图：同样面对贫穷的境地，于勒历经岁月的坎坷，最终由恶变善，而菲利普夫妇却因生存的压力和自身的弱点，最终由善变恶。而小说独特的视角更加强化了小说的主题：面对生存压力、弱者和亲情，人们应该更善良一些。

人物描写中的一个"消失物"，引发我对小说内容的详略、表现手法、叙述视角、主题等进一步思考，将"赤裸裸的金钱关系"解读为"憎恶怜弱"。这也许并不十分准确，但至少我思考过、解读过并最终对这篇课文的主旨有新的所得。

"教师对教材解读的深度和宽度往往决定了教学的高度；文本解读能力的强弱，决定了课堂教学质量的高低。学生的阅读关键在于对语言文字有没有敏锐的眼力，有没有思维的火花，也就是说文字背后是什么，他搞清楚了没有。我们说不要误读，不要浅读，希望要有高度，其实就是希望有教师鲜活的生命体验，能够在课堂上震撼学生。"于漪先生的一席话，让我受益匪浅。

语言是通达作者文本意义的桥梁，是解读的核心。语言和文本意义紧密相连，离开语言是无法走进作者的内心来理解文本的。教师应根据学生的学情和认知水平，充分理解文本的语言，贴近作者原意，并由此设计精巧的课堂学习活动。最是小处促人思，从"小"处入手——小到一个词、一个句式、一个被忽略的描写，在具体的语言形式中引领学生揭开文本的深厚内涵，促使学生的思维品质发展和提升。只有德智融合，才能更好地提升学生的语文核心素养，从而形成适应个人终身发展和社会发展需要的必备品格和关键能力。

基于学科核心素养的教学评一体化教学设计

学 科	语文	课 题	部编八下《社戏》		
教 者	岳英明	课 时	共两课时		
教学目标		1.借助文中表示时间词句，厘清小说的情节脉络。 2.找出文中出色细腻的描写，能分析其好处（作用）。 3.通过赏析作者笔下的人、事和景，能说出其中蕴含的作者的情感。 4.对比《社戏》原文删除的部分，评价鲁迅通过"社戏"所表达出理想和现实之间的矛盾。	达成评价		1.能以时间为序，用简洁准确的语言填充情节脉络图。 2.通过圈点勾画，能在文中找出两处细腻描写，能分析描写的好处（作用）。 3.假如你是导演，在这部好戏里，你会重点拍摄哪些镜头？若拍摄写景的句子，能说出所写景物的特征以及运用到的写景方法与作者表达的情感；若拍摄偷豆的"野趣"，能说出对话描写中蕴含的人物的性格和品质与作者表达的情感；若拍摄个别人物的特写，能说出人物的性格和品质与作者表达的情感。 4.通过拓展阅读和观看微课内容，能评价出现实社会的虚伪和腐败与作者对光明美好的前景和人与人之间淳朴关系的向往形成了极大的矛盾冲突；能体会到童年的美好在现实的无奈面前显得更加难能可贵
重难点	揣摩描写和体会情感				
先行组织					
每个人的童年都是一部自编自演的戏，今天让我们跟随鲁迅先生，去看"迅哥儿"的童年好戏					

续表

问题与任务	活动与方法	嵌入评价
任务（一） 初看社戏，找矛盾。 速读全文，说一说你从文中发现了哪些看似矛盾的地方	指导学生速读课文，厘清结构，说出自己的发现。	1. 能够对文本圈点勾画，并条理流畅地说出自己的发现。（5颗星） 2. 通畅说出自己的发现。（3颗星） 3. 说出自己的发现。（1颗星）
任务（二） 再看社戏，解矛盾 平桥村——乐土。 1. 精读课文1—3自然段，假如你就是文中的"迅哥儿"，请向同学们介绍你在这片乐土上都有哪些愉快的经历？	（1）学生读课文，在文中找乐"乐"。 （2）请用简洁的语言概括。 （3）"迅哥儿"说了这么多的乐事，哪一件吸引了你？请结合具体内容说一说。	1. 能够根据课文关键句子，说出自己的真实感受。（5颗星） 2. 能根据课文词句，说出自己的见解。（3颗星） 3. 只说自己的理解。（1颗星）
任务（三） 再看社戏，解矛盾 社戏——好"戏" 1. 那晚，"我"和小伙伴们来到赵庄的戏台下，"我"看到了热切盼望的社戏。"我"和小伙伴们看到社戏后有什么样的表现？ 2. 那晚的戏并不好看，但文章结尾却说"不再看到那夜似的好戏"，可见，这里的"戏"并非赵庄戏台上演的"戏"。读课文4—30段，说一说，假如你是导演，在这部好戏里，你会重点拍摄哪些镜头？	（1）找出表现我和小伙伴们看社戏的心理的句子，谈谈作者用意。 （2）在小组内交流自己想要拍摄的镜头的理由。 （3）默读课文，找出段落中的对话描写，体会对话描写中蕴含的人物的性格和品质。 （4）分角色朗读课文	1. 能准确找出表现我和小伙伴们看社戏的心理的句子，并总结出小伙伴们看社戏的表现从侧面写出了社戏不好看。（5颗星） 2. 只找出部分人看社戏的心理描写的句子。（3颗星） 1. 若拍摄写景的句子，能说出所写景物的特征以及运用到的写景方法。（5颗星） 2. 若拍摄偷豆的"野趣"，能说出对话描写中蕴含的人物的性格和品质。（5颗星） 3. 若拍摄个别人物的特写，能说出人物的性格和品质。（5颗星） 4. 只说出镜头选取，无理由。（3颗星） 5. 朗读声情并茂（3颗星）

续表

问题与任务	活动与方法	嵌入评价
任务（四） 深思社戏，再找矛盾。 速读《社戏》原文删除的部分，体会作者理想和现实的矛盾	（1）速读《社戏》删减部分，划出体现作者心情的关键句子，和本文的主题比较分析。 （2）观看微课，加深理解	1. 能结合拓展材料和微课内容，说出现实社会的虚伪和腐败与作者对光明美好的前景和人与人之间淳朴关系的向往形成了极大的矛盾冲突。（5颗星） 2. 能体会到童年的美好在现实的无奈面前显得更加难能可贵（3颗星）
知识结构思维导图	社戏 乐事　美景　淳朴人性 理想　现实 矛盾	
作业设计	1. 文章题目是《社戏》，但作者写"社戏"的部分却很少，作者这样安排是否合理？请说出你的探究结果。 2. 请运用本文写景或者写人所用到的一种手法，仿写一段话	

"双减"背景下的"增值、增效思维"
——作业设计

一、作业设计缘起

初中语文作业设计是一个历久弥新的话题,在新课改和核心素养语境下需要我们重新认识和理解语文作业的独特价值。"双减"背景下的语文作业设计需要从原来的"增量思维"走向"增值思维""增效思维",努力实现并拓展作业的发展功能。针对目前初中语文作业普遍存在的重视重复练习、忽视评价标准、简单提出要求、缺少学习支架等具体问题,需要明确实践探索的基本导向,把握作业设计的基本原则,重新认识作业设计的关键要素,以实现语文教师作业设计观念的本质性转变,从而引导学生掌握语文学习的基本思想方法,让学生能够有效积累语言运用的经验,不断将吸纳的新方法与原经验进行整合,逐步建构、形成稳固的知识框架或体系,自觉调用原有知识、学习新知识以探索解决新情境中的复杂问题。

二、设计与实施过程

作业设计是基于学生基础知识与基本技能掌握与形成的需求,作业完成的过程能够促进学生的多元智能发展。由于诸多能力和品格的培养无法通过简单的书面作业来实现,因此,本着培养学生核心素养、发展学生多元智能的需求,我们初中语文学科组就设计具有实践性、探究式课时作业和主题作业做了大量的探索与实践。

1. 课时探究性作业设计

课时作业有利于教师观察学生的行为表现与阶段性学习成果，从中收集数据，为学生提供具体的指导。在作业设计时，我们清晰明确地呈现完成任务的关键环节，这样设计便于教师开展课堂观察。

部编六下第六单元三篇课文《好的故事》《我的伯父鲁迅先生》《有的人——纪念鲁迅有感》，这一单元教学我们设计的学习主题——揣摩精彩语句的表达效果、体会寻常词句的深刻内涵，感受鲁迅的形象气质理解其精神境界。单元作业目标：（1）通读三篇课文，用思维导图分别呈现课文的结构；（2）任选课文中一个典型段落或诗句，借助朗读体会其语言的表达效果。

为了更好的契合并达成教学目标，我们设计了"我是小小设计师——给课文编写名片"的课堂作业。作业提示：可以用自主完成的课文结构框架图（思维导图）和概括的课文主旨做名片封面；可以从其中一篇课文中选择一个简短而精彩段落或诗句分析其表达效果做名片背面。鼓励有创造性的创意。"我是小小设计师——给课文编写名片"意在增强学生对文本进行整体感知的驱动力，激发学生体悟语言感染力的兴趣。这一作业的完成，生活常识层面需要了解名片的功能。知识储备层面需要厘清作者行文思路。能力培养层面需要在梳理行文思路的过程中准确把握主题、感受语言特点，领悟人物品质。将这一课堂作业拆分成：完成课文结构框架图、概括课文主旨、赏析课文中精彩段落或诗句的表达效果3个环节，也正是我们预设的不同的观察点，教师需要重点关注学生在以下方面的行为表现并适时给予帮助。

（1）初读课文的过程中是否能够圈画出标识课文结构的语句；

（2）梳理课文结构使用的图示是否与课文结构特点一致；

（3）课文结构图中的文字是否能准确概括课文主要内容；

（4）对课文主旨的理解是否准确，是否能用恰当的语言表达自己的理解；

（5）选择的语段或诗句是否能够突出体现课文的语言特点，是否关注到了词句对人物品质的表现。

作业创设贴近现实生活的情景，当学生乍一看作业，困惑如何编写名片时，教师引导学生熟悉我们预设的三个关键环节。拾级而上，每一步的进展都能够准确反映学生的思考进程与关键行为表现，同时也是我们教师了解学生学习情况的课堂观察点。目的明确、角度准确的课堂观察，有利于教师发现学生思维方式、能力结构、知识储备等方面存在的问题，提供及时、具体、针对性强的指导。

2. 主题阅读探究性作业设计

阅读教学一直占据语文教学的半壁江山。整本书阅读和群文阅读的作业设计应旨在引领学生逐步实现学业进阶。学生作业过程，实际上是从有教师指导的课堂教学，过渡到没有教师指导的自主学习的过程。因此，在设计作业的过程中，教师要有意识地为学生的自主学习架设思维支架、提供相关内容及必要的学习方法指导。指向整本书阅读的作业设计，教师需要关注作业与作业之间的水平层级，帮助学生在持续一段时间的阅读过程中实现学业进阶。如：部编六下"名著导读"《鲁滨孙漂流记》，我们给学生提供的作业设计是这样的——"我为鲁滨孙代言"。

作业提示：

（1）画一张鲁滨孙漂流的线路图（或航海图），注明时间、地点、出航的原因；

（2）给鲁滨孙生活了二十七年的荒岛起四个名字，并阐释理由；

（3）给荒岛的四个名字排序，阐释鲁滨孙的命运轨迹及心路历程；

（4）梳理鲁滨孙在荒岛生活时面对的困难及解决方式，指出鲁滨孙解决方式与野人解决方式的差异；

（5）摘录作者笛福的生平经历及所处的时代背景，说明鲁滨孙所代表社会阶层的特点；

（6）撰写一篇《鲁滨孙小传》。

作业评价：作业的六个环节都是"三星"评价标准：能准确表述自己的理解、见解得一星；图文并茂，表达精当得二星；作业表现形式有新颖，感悟有个性，表达有创意得三星。

此项作业的实施流程分六个层级，学生历时一个月的寒假来完成。作业环节的设计，以小说主人公为探究根基呈现梯级式发展，较好地契合了"人物形象分析"的学习"层级式进阶"水平标准，有助于学生认识的深入，认知和理解能力的提升。

从学生学习群组的讨论看出，起始年级的学生非常喜欢具有多种选择性的"板块式""层级式"的作业设计。前三个作业环节，学生自主完成普遍都能得二星以上；后三个环节随着难度的升级挑战性加强，有组长带头在组内共享各自查阅的资料，团队合作的结果是，这几个组有多人作业得18星，且看其中一位同学的"三星"《鲁滨孙小传》：

鲁滨孙心中有个航海梦！爹妈的反对、大海的无情、海盗的俘虏都浇不灭。

肆虐的大风暴把他孤零零一个人留在了只有生存挑战的荒岛之上。

他在岛上没有朋友，没有食物，没有工具，没有衣服……怎么办？

凭借辛勤的双手、智慧的头脑和乐观的心态，他不仅活下来还开创出一个个奇迹，令荒岛渐渐充满了生机。他终成王者荣归故里！

驯服山羊、种出麦田、做出蜡烛、做出工具、缝出衣服……收获了食物、亮光、衣服……

从土著人的手里救出了一个被他们俘虏的黑人，朋友也有了。

吃人肉的星期五，被鲁滨孙的耐心和毅力驯服。鲁滨孙教会星期五说英文，打枪，种麦子，做面包……

他们竟然在荒岛过上了让无数人羡慕的无忧无虑的生活。

在这个世界上，鲁滨孙舍弃了文明世界的束缚，去追求要自己动手才能丰衣足食但无忧无虑的荒蛮世界。他的心中激荡着的冒险的波澜，让他勇往直前无畏苦难！

鲁滨孙用坚毅竖起一座丰碑——

只要心中有坚定的信念，你我皆可成为荣耀的王者。

三、教学反思

语文作业设计不仅要关注作业本身的"量、质、形",更要关注学生"想不想做""能不能做""能不能做好"的问题。实操过程中,我们教师依据学生实际情况,预判学生完成作业的实际能力,充分考虑学生的兴趣偏好和优势特长,将复杂的生活情境进行二次创设,并能够及时转换角色,站在学生的立场亲自上阵进行演练,提前修复任务设计中的各种问题,指导学生选择与其能力水平相当、兴趣爱好匹配的作业。最后,要确定学生学习任务评价维度,对学生的任务评价进行指导,为学生提供个性化发展平台,鼓励学生独立或合作完成探究性作业。

第三季　悦纳生命幸福人生

习近平主席在 2018 年的新年贺词中说道:"广大人民群众坚持爱国奉献,无怨无悔,让我感到千千万万普通人最伟大,同时让我感到幸福都是奋斗出来的。"

幸福是什么?幸福是指一个人的需求得到满足而产生的、长久的喜悦,并希望一直保持现状的心理情绪,并不与快乐、快感、方便画等号。有人说,教师的幸福很简单,就是你所有教过的学生都能记住你是爱他们的。有人说,教师的幸福就是走在大街上有个洪亮的声音叫你一声"老师",然后飞奔过来拥抱你。有人说,教师的幸福就是看着每个学生都和自己的孩子一样可爱。也有人说,班主任教师的幸福就是让每一个学生找到最适合自己的人生出路。归根结底,我们教师的幸福来源于悦纳学生的生命成长,来源于我们教育的成果,来源于作为教师的专业能力和敬业精神。

当离别拉开窗帘

——给我弟子们的一封信

感谢岁月，馈赠给我们这几年宝贵时光，让我们彼此把对方深深铭记！回首往事，我们用自己的努力书写着属于我们的辉煌！高中时代即将来临，同学们，你们准备好了吗？

亲爱的弟子们：

今天是公元2015年5月30日，再过一周，你们就要离校了！此时此刻，我面对电脑屏幕，回想起你们一次次假期结束时返校的情景，竟不知不觉地笑了——

那是怎样欢快的景象啊！

你们是不是三五个聚在一起，大声地谈论着考试成绩？也许正计划着下个周末到哪里去玩，正互相留着电话号码；也许正和好朋友们分享新收到的生日礼物？也不排除有同学正在临时突击老师留的作业……不管是哪种场景，你们在我的眼里，永远都是那么可爱。还记得上次考试监考的时候，邻校老师的目光在你们每名考生的脸上停留片刻后，最后得出一个结论：李老师，你们班的学生最漂亮、可爱！我听后好开心啊！

佛说：前世五百次的回眸，才能换来今生的擦肩而过。这样算来，究竟需要怎样苦苦地修炼，才能让我成为你们的老师啊？今天，在这里，我要俯首感谢命运的相助，能让这四十多名孩子来到我的身边，成为我最亲近的人；感谢岁月，馈赠给我们的这些年的宝贵时光，让我们彼此把对方深深铭记！

时间如白驹过隙，同学们初来报到的第一天仿佛就在昨天，弹指一挥间，四年的学习生活就要画上一个句号。在这一千五百多个日子里，老师和同学们共同感受、共同努力、共同成长。

五天的军训生活，让我们懂得了纪律是一切行动的保障；每年十月份的汇操比赛，让我们收获了团结就是胜利的甜蜜；"庆元旦"大合唱比赛，让我们感受到了青春的蓬勃；运动会上的跳绳比赛，让我们享受到了付出必有回报的喜悦……回首往事，尽管我们做的还有一些不尽人意，但是值得肯定的是：我们全班人，每天都在用自己的努力书写着属于我们的辉煌！

可爱的弟子们，你们正在一天天地长大。老师一直想让你们明白：人生的道路曲折漫长，但关键处却只有那么几步，特别是当人年轻的时候。中学阶段是人生历程中最有意义、最紧张、最充实，同时也是最富挑战性、最难忘、最美好的一段时光。试想，当今天的同窗好友，三年后大都跨进理想大学的校门，活跃在崭新的富有诗意的生活空间时，你还会有兴致用父母来之不易的血汗钱和人家比吃穿、比排场、比享受吗？与其等三年后，流下后悔的眼泪，不如埋下头来，把梦想化作真实的努力！

席慕蓉有句小诗写得好："青春是一本太仓促的书……"高中时代马上就要来临，全新的学习任务和各种挑战摆在了我们面前，同学们，你们准备好了吗？

事实上，我们大家大脑的灵敏程度几乎没有差异。成绩的好坏主要由情商所致，比如学习习惯、学习方式、恒心毅力、承挫能力等。照理说，我们每个人都应当是金子，只是有些人直到离开这个世界也未能发光。只因——他明知自己有问题而不愿去改，或愿改但不愿付出真心而致半途而废。

在骊歌即将唱响的时候，我——不是作为老师，而是作为与你们朝夕相处的"老"友，作为我们班集体里的一员，热切期望你们大家，在以后的日子里还会记得咱们的班训：

诚实守信

赖宁打碎花瓶能勇于承担，华盛顿误砍樱桃树却不逃避惩罚……

曾子杀猪只为一句戏言，尾生为了自己的承诺在洪水中抱柱而亡……

君子一言，驷马难追，过则相规，言而有信。相信你一定会拥有一直沉淀在五千年中华民族文化最深处的诚实守信这一优秀品质！

勤奋刻苦

没有寒风与严冬的凛冽，哪有凌霜红梅的傲放；没有千锤万击的磨砺，哪有宝剑脱鞘而出夺目的光芒。奋发吧！明天在你的笔下歌唱，花儿在你的成功中绽放！

积极乐观

在人生途中，谁都会遇到困难。老师也一样，但老师有一个法宝：那就是要有个积极乐观的态度。积极乐观的态度面前，困难会如冰山一样消融于无形。所以面对困难时，请微笑，微笑，再微笑！

善良助人

善良助人的人，总是用一颗金子般的心温暖着每一个期待真情的人；善良助人的人总是用亲切的微笑打开别人久闭的心扉；善良助人的人总是用自己热情善意的心感染每一个走近的人。我愿意做这样一个善良助人的人。

接下来，老师祝愿我亲爱的弟子们考出理想的成绩，度过一个充实、快乐、有意义的假期，祝愿你们一切顺利，每天都有进步和收获！

和你们在一起的李老师

2015.5.30

奋发读书，不负新时代

——写给女儿的信

女儿：

很快就到你 16 岁的生日，妈妈准备把这封信当作生日礼物送给你。你在高中的读书时光，眨眼间过去了六分之一。岁月如梭，时光匆匆，心中有好多事情，平时都化作了三言两语，因为忙碌，静不下来仔细思考，心中有许多关爱，平常都变成了沉甸的支持，蕴含在热切的鼓励、深深的鞭策和殷殷的期望中。妈妈已经在遥想三年后读大学的你的样子了。

孩子越优秀，离父母越远。

天底下所有的父母，都期盼着自己的孩子更优秀，甚至想尽办法，帮助孩子走得更远，飞得更高，只要孩子幸福，自己心里那点儿痛，真的不值一提。

一分耕耘，一分收获。

你在小学、初中时，成绩始终在优秀水平，将来若能读理想的大学，算是幸运加耕耘的收获。女儿啊，你天天 5 点多就起床学习，晚上很晚才休息，妈妈看在眼里疼在心里。我去开家长会，老师说："子涵在学习上不需要父母操心！"我们知道，你的每一份成绩，是用辛苦换来的。

家里你房间墙上挂着的"天道酬勤"四个字，这也是我最欣赏的话，也是你九年多来发奋读书经历真实的写照。孩子，人生的路还很长，目前你正处于爬坡期，只有脚踏实地、不畏艰难、砥砺前行，才能无悔于青春，无悔于这个新时代。

树不能忘根，人不能忘本。

你在学校积极追求进步,这让父母很欣慰。位卑未敢忘忧国。中国有今天的发展成就,没有党的领导是实现不了的。没有党,中国仍旧是一盘散沙,只能是弱国,只能受人欺负。你作为新时代的高中生,妈妈希望你传承"家国情怀"。青年一代有理想、有本领、有担当,国家就有前途,民族就有希望。

机会是留给有准备的人。我和爸爸从教20年来,我们一步一个脚印、一个台阶,把工作做到更好。历数咱仨每年的奖状和证书,不是你一直很喜欢的一件事吗?女儿,教书和读书道理都是相通的。不吃苦中苦,哪得甜中甜;不经历风雨,怎么见彩虹?智者抓住机会,愚者错失机会,成功者创造机会,机会只是给准备好的人。坚持自己的梦想,别人的抱怨就是你的机会,遇到事,不是看到希望才去坚持,而是因为坚持,才会有了希望,但凡优秀的人,总是有着近乎苛刻的自律!

用感恩的心对待学校和老师。幸福生活离不开个人奋斗,更离不开学校老师的培养、关心与照顾。工作单位给予我和爸爸很多机会,给我们提供专业成长平台,唯有以感恩的心态,才对得起学校。二十多年来我们一直保持工作乐趣,找到了精神归宿,对生活深感满意。女儿,你在自己的努力下,学习成绩一直比较理想,生活幸福。这一切怎能离得开如同父母一样关心、培育你的老师们和你生活过的每一所学校呢?拥有亲切的恩师和美丽的校园,这一切是最幸福的事呢。

有一种幸福叫奋斗。世界上没有坐享其成的好事,要幸福就要奋斗。电影《厉害了,我的国》中,将中国发展和成就展现出来,从天上到地下,从桥梁到公路,从高铁到港口,一个个宏大工程,一个个中国标准,震撼每一个中国人。国家的强盛是一代又一代中国人努力奋斗出来的,天上不会掉馅饼,撸起袖子加油干,争当奋斗者,不负新时代。

"莫言下岭便无难,赚得行人空喜欢。进入万山圈子里,一山放过一山拦。"女儿,在学习中取得一定成绩、一些收获时,万万不要自得自满,青年时代的你,应不断进取,始终保持奋斗满满的状态。每个人的幸福生活都是靠自己努力奋斗得来。在当今这样一个崇尚知识、尊重人才、鼓励创造的新时代,在应该奋斗的年纪,你我都应该在奋斗中细细品尝与书为伍的幸福滋味,你觉得呢?

妈妈
2019 年 3 月 9 日

乡村学校家校共鸣式教育探索

随着教育事业进入全新的发展阶段，教育理念也有了创新性地调整和转变，家校合作作为一种全新的教育理念，被广泛地应用到各个阶段的教育工作当中。共鸣式教育成为全新的发展方向，农村初中阶段，重点加强家校之间的合作与衔接，全面落实共鸣式教育是当前教育改革背景下提出的重要工作任务。鉴于此，本文主要围绕家校共鸣教育的具体工作路径展开有效分析。

在全新的教育工作环境下，乡村学校开始注重家庭功能在教育工作中的合理性发挥。

一、家校共鸣式教育的必要性分析

家校共鸣，作为新时代背景下一种全新的教育理念，具体指就学校和家庭之间建立有机的联系，构建成一个综合性特征较强的教育共同体，从而为学生提供良好的成长和学习环境。家校共鸣即要在教育思想上、行为上以及在具体的目标导向上达成一致和共识，从而为学生的健康成长和素质全面性建设而提供助力。在初中阶段的教育工作中，因为学生比较特殊，正处于青春叛逆的关键时期。在该阶段，学校积极贯彻家校合作，深入落实共鸣式教育所产生的作用和功效是十分显著的。首先，能够让农村家长在学校的宏观调控和引导下，形成正确的教育理念，规范对学生的教育和心理疏导，从而有效地协调家长和孩子之间的关系，构建和谐的家庭环境，让初中生在这样一种和谐、健康的环境下快乐地成长。其次，能够保证教育覆盖面更加广泛，从而全面提高乡村初中教育和管理的整体效能与综合质量。因此，学校应该积极贯彻和落实共鸣式教育。

二、家校共鸣式教育的实施路径分析

（一）宣传正确思想理念，加强教育观共鸣

在实施家校共鸣式教育之前，学校需要对家校合作形成正确的思想认知，清楚地了解这一全新的思想在初中生教育和管理工作中所发挥的重要功能，全面加强思想重视程度。同时，根据初中生的身心健康发展目标，对具体的教育理念进行明确，积极发掘新课改背景下的教育标准以及核心思想，树立以生为本的全新教育观。之后，将各种全新的教育思想有效地渗透给家长，加强先进思想的宣传力度。让广大家长能够对家庭教育的观念和具体的管理方式进行转变和更新。在素质思想的宏观调控下，树立学生本位核心教育理念。并在该理念的导向和支撑下，积极贯彻和落实激励教育和赏识教育等全新的观念，从而保证家校双方在学生教育目标和具体的工作思路上达成一致，以保证合作教育活动科学、有效地贯彻下去。比如，在针对初中生群体开展德育教育工作时，学校需要将先进的思想观念通过多种途径渗透给家长，让其明确了解德育工作的重要性。还要积极宣传以身作则、激励教育等全新思想观，督促家长自身行为的规范，做好学生的心理疏导和情感关怀等工作，从而将德育工作科学、有效地落实下去，全面提高学生道德素养自我规范和提升的自主性。

（二）构建家校沟通平台，拓展家校共鸣式教育空间

为了更好地落实家校共鸣式教育，学校需要利用现代化的科技手段，构建全方位、便捷性的沟通平台，从而为实现家校之间的高效沟通与合作提供良好的载体支撑。首先，学校可以借助网络成立校园官网，将针对学生所制定的各项教育决策或者方针以及提出的相关合作方案以官网为平台进行全面展示。让家长能够对学校所制订的教学计划以及所设置的具体管理目标形成明确的思想认知，从而在行动目标上达成一致，方便家长更好地配合学校，就初中生的行为规范开展相应的教育和管理工作。其次，学校可以主张班主任利用社交软件，构建家校交流群并以此为载体与家长就初中生的教育理念、方法以及相关的心得体会进行互动和交流。为家长之间彼此交流教育经验提供一定的载体支撑，

从而促进共鸣式教育实现深入的落实。同时，学校可以专门成立共鸣教育公众号，为家长推荐符合初中生心理和情感需求的创新性教育方法，让乡村家长也能跟随学校的脚步，不断地转变教学思路，更新教育方法，对学生的心理层面进行全面的疏导，重点加强学生的行为规范和情感管理，从而为学生形成良好的品格素养而提供助力。比如说，教师可以针对初中生早恋现象，为家长推荐相关的教育心得和方法。让家长能够在教育观念上与学校达成思想一致，并做好学生的心理疏导，让学生正确看待两性问题。

（三）基于家长会或者家访，实现家校深度融合

在初中阶段的学生管理领域，学校为了加强与家长之间的沟通与协作，需要积极发挥家长会或者家访的活动功能。通过上述活动为家校之间的深入沟通与合作提供良好的平台支撑。首先，班主任需要定期组织家长会活动，在家长会中针对初中生群体中存在的普遍现象进行沟通，让家长对学生的在校表现以及当前的成长状态，形成准确的思想认知，从而在学校教育思想的正确引导下，对学生实施针对性的家庭教育，进一步规范学生的行为习惯。其次，班主任需要根据个别学生的异常表现定期地进行家访。通过家访全面了解学生的家庭情况以及成长状况。在与家长沟通的过程中了解学生在生活中、情感层面所面临的困惑，并在此基础上实施针对性的教育，从而帮助学生及时走出心理误区和情感困惑，为学生的健康成长提供一定的情感助力。

（四）积极组织实践活动，促进家校共鸣教育强化落实

在家校共鸣式教育深度落实和切实开展的过程中，学校需要注重实践活动的积极组织为家长和学生之间的和谐相处提供丰富的活动空间，让彼此之间的情感关系得到进一步增进，以此来强化学生对亲情的认知，全面提高学生的道德品质。学校可以积极组织趣味的亲子活动，比如说亲子运动会，让家长与学生共同配合完成相关的挑战。同时，学校也可以设置多元化的实践课题，并要求家长和学生之间明确具体的活动目标，通过团结协作共同完成相关实践任务。比如说，在植树节可以组织学生与家长一起共同参加义务植树活动。让学生在家长的带领下，形成良好的生态和环保意识，从而规范学生的行为品德。同时，

教师也可以鼓励家长带领学生完成相关的创新性探索任务，如制作模型，以此来强化学生的创新意识，实现学生素质的全面性建设。

精引妙导，外号也可不惹"祸"

唉，真叫人头疼！班上又发生了"战争"，经了解，又是"外号"惹的祸。一个同学因为皮肤特别白，便有了外号"白条鸡"；一个女同学个矮，便有了外号"假姚明"；戴眼镜的被称"四眼儿"……唉，不止这些呢——几乎所有的老师，也被学生们在背后一一冠以外号。同学之间外号一叫伤自尊了，"战争"也就变得频繁了。

在班上大发"雷霆"吗？可每回过不了几天就又有同学"好了伤疤忘了疼"。怎么办？"同学们，你们觉得起外号好玩吗？"同学们面面相觑，不知我葫芦里卖的什么药。我继续说："我发现起外号其实是大有学问的，一是要抓住人物特点，二是要展开丰富的想象。讽刺挖苦的外号会伤害同学之间的友谊、师生之间的感情，而亲切、赞赏的外号却能拉近同学之间的距离、滋润师生之间的融洽关系。这节课咱们就比比看，看谁起出的外号巧妙。如果外号起得好，又征得了本人的同意，课下就可以叫这个外号。"

"能给老师起外号吗？"一个同学小心翼翼地问。

"当然！"我点了点头。

同学们展开了交流，几分钟后。

"我想给王子龙起个'开心猪'，你看他白白胖胖的，总让人想起动画片里的小猪。他成天笑嘻嘻的，叫'开心猪'也体现出他的性格。"

"理由蛮充分，可不知王子龙接不接受？"我担心外号中的"猪"字。

"行！"没想到王子龙笑嘻嘻地答应了。真是只憨厚可爱的"开心猪"。

"我想管陈文卿叫'陈爱卿'，她是班干部，又是老师的得力助手。"——又一个外号通过了。

"我起的外号叫'蜡笔小倩',她是我们班的美术大师,她日记本上的插图堪称一绝。大家肯定能猜出她是谁。"

"王欢。"大伙异口同声地说。

"李老师,我给您起了个外号叫'美猴王',您的本领像孙悟空一样,您用智慧在教育着我们。"

"您的这一外号还有另外一层含义,"另一个同学站起来补充道,"刚好带我们这一群可爱的小猴子!"——这个聪明的小家伙!

谁说外号净惹祸,嘿嘿!它这不也是可以开发利用的吗?只要作为教育者的我们有足够的耐心与智慧,还有良好而健康的心态!

你说呢?

我是这样认识学生的"偶像崇拜"现象的

我们知道，现在的中小学生"偶像崇拜"已成为一个普遍现象，有些学生过分迷恋偶像，用大量的金钱购买有关明星的东西，对学习造成极大的影响。近几年来，我们不断地从媒体上得到一些关于青少年追星而引发的一系列严重的问题的资料。学生中出现这些问题是他们价值观念和行为功利化的表现，同时也反映出道德认同的盲目。所以，我们广大班主任教师更应该对这种现象给予足够的重视，以便采取相应的有效的措施加以教育和引导。

作为班主任，我是这样来正视并正确认识学生"偶像崇拜"这一现象的。

一、弄清中学生"偶像崇拜"的内在原因

对于中学生"偶像崇拜"问题的解决，我认为应该首先弄明白中学生之所以热衷于"崇拜"的原因，在此基础上对症下药，才能从根本上解决这个问题。

（1）客观因素的影响。据社会学家研究，"偶像崇拜"是青少年时期的普遍现象，不论哪个年代都有。但是，在大众传媒时代，"偶像崇拜"演变为疯狂而热烈的"追星"，这种现象是与现代传媒技术的发达分不开的，可以说，各种各样的"星"们正是由于传媒技术的包装而更加绚丽、更加耀眼，也是因为传媒技术的发达而速红速衰，更迭不已。

（2）除客观因素以外，中学生喜欢"偶像崇拜"的原因还有以下心理和主观原因：①填补情感真空；②寻找自我；③精神寄托；④情窦初开的情感体验；⑤从众心理；⑥追求时尚；⑦崇拜心理；⑧情绪宣泄。

当然，中学生"偶像崇拜"的原因是很复杂的，每个学生都有不同的特点，所以其出发点和动机是不一样的，我们在教育和引导过程中也应该注意结合不

同学生的特点去采取相应的措施。

二、变"围追堵截"为"疏通引导"

俗话说"水性虽能流，不导则不通"，针对中小学生的"偶像崇拜"现象，我们应该更多地采用对话和交流的方式引导他们的审美趣味，提高青少年的鉴赏能力和文化品位。可以由对"偶像崇拜"现象的分析开始进行"偶像教育"，对青少年自发产生的"偶像崇拜"心理和行为进行干预和合适的介入，通过对一些具有成就的人物进行分析、比较，让孩子从中有一定选择。通过青少年主动、亲身参与的活动和思考，他们来实现自我选择与自我反思的结合、内心释放与理性增长的结合。

现在多数的学生独立意识相当强，而且特别自信，一旦迷上某个歌星，会认为全世界的人都应该和他一样去喜欢这个歌星。而且"光环效应"会使他们认为自己崇拜的歌星是最完美的。所以在解决追星问题的时候应当注意策略，切忌简单粗暴，只是一味地惩罚和批评，而应采取相应的措施加以引导和教育。

首先我们教师要改变自己对待学生"偶像崇拜"问题的观念。教师一般都比学生年长，可能会存在不同程度的代沟，价值观和人生观都会有差别，对待学生"偶像崇拜"问题很多老师都持反对或者强烈反对的态度，更有甚者有的教师会因此对学生有看法，这些观念其实都是错误的，是不利于教师和学生沟通和解决问题的，所以解决学生"偶像崇拜"问题首要的就是教师要改变自己的观念和态度。

（一）教师要"蹲下来"看问题

大家可能也读过这篇文章："一个母亲领着孩子去逛商场，母亲觉得商场中热闹的场面和琳琅满目的商品一定会让自己的孩子玩的特别高兴，可是孩子却一直哭闹不停，母亲蹲下身子安慰孩子的时候突然发现，自己在蹲下后看到的景象却是一条条不断晃来晃去的人的腿，那种景象不仅不好看，而且恐怖。她顿时明白了一个道理，原来孩子看到的世界跟大人看到其实并不一样，我们应该习惯蹲下身来跟孩子讲话和沟通。"所以，当发现学生"偶像崇拜"时，有些老师喜欢用自己的价值观去加以判断，往往认为孩子"幼稚、可笑"，对孩子的追星举动报以"不屑"的神情。要知道，这是很伤孩子的心的。他们会在心里嘲笑你的"落伍、不合时宜"，会在心理上更加与老师拉开距离，在行动上更加隐蔽。

（二）切忌急于改变，注重提示引导

学生的"偶像崇拜"往往感性成分多，理性成分少，他们对自己所崇拜的偶像的维护，多出于一种强烈的感情，要他们理性地、客观地看待他们所喜欢的偶像是困难的，要和他们做理性的讨论，通常也是不容易的。我们教师尽管对孩子所崇拜的"星"大多提不起兴趣，但绝对不要去粗暴指责他，而应像朋友那样，给一点人生观与价值观方面的提示和建议。

每个人都有自己崇拜的偶像，"业余"一点的"崇拜"无伤大雅，但过于盲目而改变了自己的信念，就是对自己的极不负责任。学生的思维十分活跃，他们都在用自己的一双眼睛积极地观察周边的事物，都有着自己的看法。

但是，偶像崇拜又是一把双刃剑，学生们偶像崇拜需要家长、老师的人文关怀与科学耐心的引导，而不是简单粗暴地破坏，我们要引导同学们追求偶像和榜样的外在影响力与内在人生价值的和谐统一。

（本文于 2009 年刊发）

班级公约彰显出的魅力

班级就如同一个小社会，学生部落里每天总是有一些新的事情在等着处理。忙中添堵的是，最近经过观察与调查我发现，班级内有学生使用手机，而且还有人用手机挂QQ，上网聊天，甚至浏览不健康的网站，更有学生逃课进入玩游戏。发现问题得解决。于是我召开了主题班会，一番劝导接着是公布"制度"——如果有人被我发现玩手机、上网吧这类情况，通知家长领学生回家反省一周。

没过多久，张亮和他的手机一起被英语老师"遣送"到我的办公桌前，我二话没说就翻找出家长通讯册，在等他父亲来校的时候，我耐心的教育着张亮，小伙子头一直低着，流着泪说知道错了，以后在校内坚决不玩手机。

隔壁班级一名学生玩手机被老师发现，在他争取"宽大处理"时，交代出他的QQ群里的很多人的名字，有我班两个，其中有张亮，令我喷血的是现在还在线呢。叫他到办公室后，支吾半天才说出实情，手机藏在走读生家里，整天用手机挂着"超Q"，好像是为了升级什么的，有时周末半夜偷着玩游戏。我用两节课之长的一顿教育开导又赢来张亮的一番保证加两行清泪。作为老师，我除了对他批评教育，除了按"制度"办事，还能有什么办法啊？

这班主任当的真难啊，法儿也想了，心也谈了，他就是这样一个人，我还非得整天看着他不成？我自己嘀咕着。何不找学生看着他，找多个学生看着他，我心里边思考着边否定着。经过一晚上的琢磨，我心中有了一个比较周全的主意。

班委在我的指导下自行制定《同学公约》，内容包括"不玩物、不丧志、坚决向手机说不""不经老师家长同意，不进社会营业性网吧"等。全班同学人人签名，在走廊展示两天后添加到班规中。如有违反上述班规的学生，担责方式由全班同学投票"公决"，一人一票，少数服从多数。

至于取得的效果，从《同学公约》公布迄今为止，全班没一名违纪的学生。不只张亮同学果真不玩手机了，连整个班级的纪律、成绩也变好了。欣喜之余，我意识到，利用心理学的从众效应管理班级，由学生制定且人人签名的"公约"有群众基础，成了每个学生对文明的自我要求，在行动上大家会自觉遵守它。如果违反，就等于违反了全班同学的意愿，就会受到绝大多数学生的反对。于是，大家对这个公约就有了敬畏感。"公决"更具威力。因为它反映的是全班同学的心声，违反规定，就等于犯了"众怒"，就无法立足于班级之中。为此，学生变得主动自觉维护班规，因为这也是在维护自己的生存空间与尊严。

知识就是生产力啊！

让操行评语为孩子成长一路引航

去年我接手的班上有个喜欢掉眼泪的"哭鼻子",她身体瘦弱,上课不敢大声说话,平时不爱运动。而上学期末,她却当选为全班"我们最喜爱的班干部",全县"三好学生"。

为什么她发生了如此大的变化呢?如果是综合教育使她一步步成长起来的话,那么我的操行评语在种种教育方式中所发挥的引导作用则是不容忽视的。

刚刚入中学的董建欣很乖,学习努力、认真,但她上课时不敢大声说话、读课文,甚至不敢积极举手回答问题,更不敢展示自己。不仅这些,那时她还常常掉眼泪,不管遇到什么困难都哭个没完。尽管她性格内向,身体瘦弱,不爱运动,不爱与人交往……但是,我却从董建欣那双执着、渴求上进的眼睛里看出她内在的潜力,相信在教育中我一定能使她发挥出自己的才干,引导她成长为更好的自己。

在期中的评语中,我这样鼓励董建欣:"漂亮的字迹、工整的作业、爱读书的好习惯都令同学和老师赞叹不已,可是为什么上课时总不见你的小手勇敢地举起?运动场上不见你的身影出现?遇到困难时,却见到建欣的眼泪流下,老师期待建欣能更胆大一些,勇敢一些,壮实一些!"

在家长会上,我同她的父亲沟通,请他们在打工之余多与孩子交流、引导和鼓励。

第二学期开学的第一个月,董建欣的努力加之我们的鼓励,天资聪颖的她有了可喜的进步。于是我在给家长的喜报中特意写下这样的操行评价:"老师真为建欣感到高兴啊!课堂上老师听到了你虽不算响亮但充满勇气的声音;操场上看到了你执着锻炼的身影,班会上精彩的表演更让大家情不自禁为你喝彩……继续努力吧！期待着董建欣更出色的表现！"

接下来的两个多月，董建欣的进步越来越大，由原来的懦弱变得开朗，各方面表现也更出色了，家长会时，他爸爸手中的成长手册上，我的即时评语是："对建欣了解越深，越觉得你是那么优秀，怎能想到瘦小文雅的你居然会在运动会一百米比赛中跑到年级组第三名，怎能想到从前遇到困难便哭鼻子的你，如今却总是用实际行动去代替眼泪？真不知未来的日子里，你还会给我们大家带来怎样的惊喜？"

七年级要结束了，我充满希望的又给董建欣写下了这样的评语："你的确给大家带来一个又一个惊喜：李小青生病，你伸出了温暖的双手；我参加班主任会议，你带领大家主动清扫卫生……你为老师、为同学、为班级做的每一件事，我们都记在心上。祝贺你又上了一个新的台阶！"

如今的董建欣正朝着更高的目标努力着，我衷心地祝愿她在中学阶段能留下更多青春靓丽的足迹。

暑期补习班，到底谁要补？

这两年，各种假期补习的"风"呼啸着刮到了农村。今年暑假过了近一周了，纵观周围的孩子，几乎没有不上"补习班"的。每天的早晨、傍晚，看着接送孩子们的家长来往不断，我和女儿在家附近的林荫小路上聊天、散步，不觉间我们成了一道"另类"的风景线。

快要上六年级的女儿从没上过辅导班。我们家对辅导班不感冒的原因有三：

首先，女儿自己抵制上辅导班，我们尊重她的意愿。记得前年孩子上三年级的时候，她的同学约她去上同一个辅导班，她回家商量我，我让她自己拿主意。结果第二天，这丫头告诉我："妈妈，我不愿意上辅导班，很累。"我刚想不高兴，"我在家自己照样可以预习下学期的内容"，孩子接着说道。我顺势引导："行，妈妈尊重你的决定。那就看你的行动吧。"其实，当时我想的是——找人给你补课，你不愿意补，还不如不补。

我女儿的学习结果如何呢？很多人喜欢用成绩说话，这几年女儿的成绩总在进步，在年级名列前茅呢！我还挺为小家伙骄傲。

其次，作为家长，我自己平时很注重阅读家庭教育方面的书来"补充"自己思想的空白，我们家几乎不单看分数来评价孩子的学习。阅读让我明白，孩子首先是个人，她应该有属于她这个年龄阶段的快乐，学习、分数不是衡量孩子好坏的唯一标准。我不喜欢和其他家长攀比孩子上哪个层次、级别的辅导班，但我告诉女儿我也和其他母亲一样，渴望她成凤。女儿说："我要成为妈妈心中美丽、快乐并有个性的凤凰。"嚯，小家伙口气不小！让人对她满心期待。

还有，多如牛毛的辅导班、补习班中"合法的"没有，"黑"班不少，我不放心把孩子草率的交出去。我家附近的几家补习班，都是租借临街的两间房，摆几十张桌凳，一两个在校的大学生甚至高中毕业生，这就开课了。噱头倒不小，什么"人民大学辅导班""华东师大衔接班"。办学证件没有，安全隐患不小，教学目的明确——挣钱。这倒应了那句俗话——马虎照看孩子！

众所周知，学生只有考试成绩好了，才有可能升入好的学校是不争的事实。于是，不管孩子愿意与否，不论家长明白多少，不问这"班"那"班"水平高下，有班便能上就"上"。亲爱的家长朋友，如果真的想让你的孩子有所成就，想让孩子成龙成凤，那就让你的孩子从补习班的深渊中跳出来，引导孩子做健康向上的、自己想做的、让孩子身心健康的事。或许，磨刀不误砍柴工，假日的"休闲"会让孩子开学后的学业更上楼一层……

（本文于 2015 年刊发）

没有永远的后进生

所有班级的学生都存在不同程度的知识水平之间的差距，农村学校在这一方面表现尤为明显。每当接手一个新班级，上课的很多时候是有的学生没等我完全讲完，他已经会了；可有的学生，老师的课讲完了，他却还是不会。你说愁人不？

经过多年的教学实践，我积极探索了一整套适合班级学生的分层教学的方法——班内分组教学，组间分层对抗，师生推荐晋级。

班内分组教学——我将班内的学生按知识水平的高低，由1号优秀生、2号良好生、3号及格生和4号后进生四人组成一组，1-4，2-3两两对桌而坐。新授课时，我尽量少讲、精讲，更多地给学生留出时间交流、讨论。分组教学带给我的感受是：在有限的课上时间里，我一个人的"老师"力量变成了十几个"小老师"的力量，效率明显提高。

组间分层对抗——我为了调动学生的学习积极性，每个月都要进行优胜小组评比，依据是每个小组平时的课堂得分。为了公平的对待每个学生，学生对抗的对手是其他组的同序号的同学，如果哪位同学敢于主动挑战其他组的高一级序号的同学并成功者，分数加倍。实践证明，这一措施的设计极大地调动了每一位同学的积极性。

师生推荐晋级——每个月，优胜小组内的优胜组员只要能够得到半数同学和老师的认可，就能够向高于自己一级晋级，1号获此殊荣时，就领取"小博士"奖章一枚。

从此，我们班级里面没有永远的后进生！这是我要教给我的学生的。

我也更愿意把这理解为家长要把孩子调进我教的班级的真正理由。从教的这些岁月里，我赢得的学生的喜爱、家长的称赞、同事及领导的认可都与优异的成绩的取得是分不开的。而我深知，好的结果总是有好的方法作保障。

学生对知识的理解、掌握存在差别是一种普遍现象。心中有爱，有智慧，对学生不歧视，有鼓励，助长进，是我们教师应做的，更是该做的。只要用心，我们更是完全能够做好的。

同一制度　不同效果

　　学校就如同一个小社会，学生部落里每天总是有一些新的事情在等着处理。而有件"事情"却困扰了我近半月之久才得以稳妥解决。

　　"丁零零"镇长的电话，"丁零零"老同学的电话，"丁零零"爱人亲戚的电话……我的手机骤然间被频繁叫醒，诸多电话大致一个议题——孩子已知错了，您让他回校吧！你还没明白咋回事吧？

　　前段时间，我经过观察与调查发现，校内大部分学生使用手机，而且不少人用手机上网聊天，甚至浏览不健康的网站，更有学生逃课进入社会网吧。发现问题必然得解决。于是在班主任会上提出、讨论后统一意见——一经发现类似情况，班主任通知家长领学生回家反省一周，如有家长不配合，就往校长身上推。

　　于是我就有了上述的诸多求情电话，镇长委婉的"要办人民满意的教育"的话语中不无批评之意，老同学寒暄之后的"你这校长当大发了"语气中透出我官僚作风之嫌，爱人亲戚的"都是自己家的孩子，谁还用不着谁啊"一语大有不答应就太不近人情之意，我得解释，一遍，一遍又一遍，心中那个累啊！

　　制度有了，老师们也坚决执行了，更多的麻烦出来了。当时学校面临的却是：学生活动转移到"地下"，家长"救"子心切就来把谎话乱撒，各路"神仙"把校长电话打爆了。事与愿违，问题出在哪里呢？我反复自问、反思：制定的制度没问题啊，"我制定的制度"！"我制定的"？突然间，我脑中明白了症结所在——我们这一制度在学生眼里是惩治他们的戒律，学生心理上肯定没认可并有抵触情绪。

　　我意识到，要让制度真正变成实实在在的东西，靠传统的强迫命令，效果有限,而且也难以坚持,必须运用心理学知识来创新做法。

我们的做法分三步:

首先让学生自行制定"公约"。由每班5人的学生代表组成的学代会在学校指导下自行制定《文明公约》,内容包括"不玩物、不丧志、坚决向手机说不","不经老师家长同意,不进社会营业性网吧"等。学代会发出倡议,各班制作手抄报,人人签名,在全校展示。

然后把公约写入学校纪律。校学生会组织召开全校学生誓师大会,每位学生都在《公约》条幅上一一签名,学生会监督文明公约的实施。一周后,政教处再将其内容定为学校纪律,学生们就不再有抵触情绪了。

最后让学生对违纪者进行"公决"。如有违反上述校纪的学生,担责方式由他的全班同学投票决定,三个选项:同意,反对,弃权,一人一票,少数服从多数。

至于取得的效果,一个学期来,全校没有一名违纪的学生。欣喜之余,我意识到,由学生制定且人人签名的"公约"因为有了群众基础,成了学生对文明的自我要求,学生有了认同感,在行动上便自觉遵守它。如果违反,就等于违反了全校学生的意愿,就会受到绝大多数学生的反对。于是,大家对这个公约就有了敬畏感。学生"公决"具有相当的"威慑力"。因为它反映的是全班同学的心声,有毋庸置疑之义。违反相关规定,就等于犯了"众怒",就无法立足于班级之中。为此,学生才变得主动自觉维护制度规定,因为这也是在维护自己的生存空间与尊严。

如同教师上课应有充分的"教学机智"一样,我们面对学生管理时何不也讲求点"制度创意"呢?

鲁迅的《风筝》问世之后

——从儿童教育角度来理解

鲁迅的《风筝》是散文诗集《野草》中的一篇。有人说:"这一篇是在解剖自己,在深刻地批判自己。"(李何林《〈野草〉注释》);有人说:《风筝》中的"我","绝不是鲁迅自己","也不是什么'自我批判'。"(闵杭生《谈谈〈风筝〉中的我》)这两种意见尖锐对立。那么,作者写的是不是自己的亲身经历呢?这个问题人们一直很感兴趣。这样,鲁迅的亲属理所当然地成了人们孜孜请教的对象。

鲁迅的三弟周建人新中国成立前就写道:鲁迅有时候会把一件事特别强调起来,……例如他所写的关于反对他的兄弟糊风筝的文章就是这样。实际上,他没有那么反对得厉害,他自己的确不放风筝,但并不严厉地反对别人放风筝。

几十年来,周建人同志数次回答此类询问,直到80年代他还给访问者明确作答:我不记得有这回事。

但是,鲁迅的夫人许广平同志却持不同的说法。她在谈话中是把《风筝》中的"我"与鲁迅、小兄弟与周建人当作同一个人来向人们介绍的。1956年的金色的秋天,北京市北海少年之家举行鲁迅纪念会,许广平同志应邀在会上向少年儿童们做报告说:

"鲁迅长大后曾检讨自己对待兄弟有些太凶了。他还说过一件事:有一次,放学回家后他不知道弟弟到哪里去了,后来看见他在一间堆积杂物的小屋里糊风筝,他觉得这是件没出息的事,就把弟弟的风筝撕毁了,当他长大后觉得这样对弟弟是很不对的。曾对弟弟提起这件事,他弟弟说有这件事吗?我都记不得了。后来鲁迅就说,他不记得这件事使我更不好受。还说:自己做过的错事应该牢牢记住,并不是人家不记得就可以过去了。"

鲁迅曾说:"我的的确确时时解剖别人,然而更多的是更无情面地解剖我自己。"

那么,周建人同志的话全错了吗?问题当然也不会这么简单。因为《风筝》里明明写过,早在当年小兄弟"他什么也不记得了"。但是,即使《风筝》写的是作者自身的经历,却也不等于鲁迅在执笔时对原材料没有取舍,没有突出,没有必要的渲染和强调,否则,恐怕就难以取得预期的艺术效果了。

而且,以上仅是就创作素材而言,重要的是对作品主题的认识。所喜鲁迅两位亲属都是一直从儿童教育角度来谈《风筝》的。周建人明确指出:"我想他所以这样写,主要是批判当时一些人对儿童的不正确的态度和教育方法。"结合我们理解的《风筝》主题:批判封建的儿童教育思想和方法,提倡近代儿童教育的科学观念,这不就统一起来了吗?两位鲁迅亲属的话在精神实质上还有什么根本分歧存在吗?

我们拿什么来敬畏生命

一场突如其来的疫情席卷了全球。那该死的病毒，让我们经历着死亡的威胁。在疫情面前，人是那么的脆弱，生命是那么的宝贵。病毒终将会被消灭，经历了死亡的恐惧和威胁，什么才是最重要的呢？

拥有生命，尤其是健康地活着。

敬畏生命，莫轻易放弃。我们生命的本源不在灵魂安歇的地方，恰恰是在激情冲突而浩荡流泻的生命深处。古希腊语将激情解释为"上帝的本色"，上帝在造人的时候同时熔铸了激情在幼嫩的体内，那么激情的淡化必将伴随灵魂的衰老。只有富有激情者才能时刻有着进取，有着创造。生活的磨难没有让阿炳衰老，他把生命的激情化作了《二泉映月》，他在弓弦震荡出的清流中所倾诉不尽的是对生命和自然的热情。双耳失聪没有让贝多芬屈服，他生命中洋溢的激情演绎为不朽的《命运》，世界上任何聆听他的乐曲的人怎能不热血沸腾？史铁生曾经失却生命的激情，但母亲的爱和地坛中树木的绿叶、飞翔的蜜蜂、活跃的蚂蚁又将他生命的火把点燃。

维护健康，积极锻炼身体。84岁高龄的中科院院士钟南山，大难面前，两度给我们撕开黑暗的帷幕，带来可贵的光明，他的医术、学识和人品首屈一指，当之无愧。数十年如一日地健身锻炼让他拥有强健的体魄，钟老的这种生命健康意识该普及到我们每一个人，这种积极锻炼身体的做法人人都该模仿、学习。

绝不侵害野生动物的生命。所有生命，都不过是地球村中的一员，祖先们吃野生动物是因为生活所迫不得已而为。时代走向文明，我们是时候与动物为友了。

关爱和尊重他人生命健康。大难面前彰显大爱，对死亡的恐惧没有吓退驰援武汉、驰援湖北的广大医务工作者，没有吓退防控疫情一线的工作者们。

敬畏生命的人永远值得敬畏。

第四季 潜心钻研拾级而上

著名的苏联教育家苏霍姆林斯基曾说："如果你想使教育工作给教师带来欢乐，使每天的上课不致变成单调乏味的苦差，那就请你把每个教师引上进行研究的幸福之路吧。"的确，当我们开始研究教育的时候，就会发现教师的劳动其实充满了无穷乐趣。从向教育名家学习，不断在书籍中寻找方法，到经常给自己确立研究课题，不断在实践中体验感悟，慢慢走来，我充分享受到了走上教育研究之路的益处。

把班主任成长说给你听

班主任在成长路上，要不断面对不同层面的竞赛与评选，无论胜出与否都会一次次带给我们极大的心理冲击与压力。我们从欣喜或压力中如何获得自觉发展的动力呢？

一、老师，参与就是历练

不论你参加的是哪个层面的评比，对作为参与者的你，有几句话同你分享。

（一）获奖与否不是衡量班主任工作的唯一标准

恭喜所有参与比赛或评比的班主任，无论你对成绩是否满意，你都已经完成了一次班主任生涯的历练。

还要恭喜获奖的班主任，你们不但做得好，也一定读得好、写得好。从书中了解的几位成果颇丰、出版了个人专著的知名的班主任，都说自己有被淘汰的经历。他（她）们的经历足以说明一个问题：获奖与否不是衡量班主任工作的唯一标准。同样的，出版专著、发表论文、研究课题等都不能成为衡量班主任工作的唯一标准。班主任工作做得好不好，谁有发言权？学生！这几位老师都是成名成家后依旧坚守在一线的班主任。他（她）们十年如一日，把班主任工作做得有模有样、有滋有味。他（她）们和学生共同成长，很受学生和家长喜爱。

如果有的老师在平时工作中用简单粗暴的管、压、控来管理学生，以应对学校的各项检查为治班标准，靠熬过一天算一天的撞钟和尚心态换取"资历"，就是没有着眼于学生的长远发展，即使在评选或比赛中拿了奖，我们能说那是好班主任吗？

（二）卸下光环，踏踏实实做个好老师

赢了奖，你一定会高兴一阵子。你也许会成为市里、区县里的名人，许多地方会邀请你做讲座，给你戴上"优秀班主任"的头衔。于是，你忙得没时间和班里的学生交流了。我也曾经在鲜花和掌声中迷失过自己。现在，我每天踏踏实实地写班主任成长感悟。当我饿着肚子赶去学校上课，看到办公桌上学生给我的热鸡蛋或小水果时，我知道，这就是幸福，只有班主任才有的幸福。这是你和我都可以拥有的小幸福。唯有持续成长，才是我们应该追求的。无论你是拿了什么奖，甚或是评上个"优秀"，走下舞台后，回到学生中间，回到三尺讲台，你还是你，还是那个老师，我们还是得踏踏实实教书育人。不要让自己的心飞得太高，忘了来时的路。

大家不会忘记苏霍姆林斯基、杜威、马斯洛，南风效应、破窗效应、禁果效应、期待效应等，虽然这些东西在创作论文时大家都说"烂"了。

我们应把学到的先进理念好好消化，并运用到班主任工作中，而不是走下台就变回指着学生乱发脾气的老师。

（三）比赛前的准备是难得的提升过程

我们可以问问自己：做了老师后，有多久没有认认真真看过一本书了？有多久没有专心听一场讲座了？

迎接一场比赛，我们都要做充分的准备，白天上课改作业，晚上还坚持学习，啃了一本又一本平时不会翻的书，听讲座时认认真真做了一页又一页的笔记……

无论比赛结果如何，你都是很棒的，因为你超越了曾经的自己，遇见了更好的自己。

（四）赛后要自觉成长、持续发展、终身学习

优质课、骨干能手、技能比赛……不管参加哪一个项目，不但是提升自己的机会，更是实现人生飞跃的重要契机。有的老师因为拿了奖而职位晋升，有的老师因为拿了奖而获得"五一劳动奖章"等荣誉，有的老师因为拿了奖被邀请做讲座；更多的老师坚守在一线，踏踏实实教书，开开心心育人。

作为班主任精英，我们有责任和义务带领更多的老师走上班主任专业化发展的道路，把班主任工作做得更专业、更高效，让更多的老师寻找到做班主任的幸福感，让更多的老师爱上做班主任。这需要我们具有自觉成长的动力、持续发展的能力、终身学习的耐力。

二、老师，请你不断进步

时代正以惊人的速度在不断发生变化，我们教师需要与时俱进，不断学习。

（一）提高终身学习能力

丹丹是我支教学校的代课老师，她也在准备着事业编考试。她是学习能力极强的人，每一次和她聊天我都能增长知识、开阔眼界。在大课间遇到她时我总会拉着她聊个不停，渴望通过她了解先进的技术和理念。

她是电脑操作的高手，她对多种应用软件了如指掌，经常会把特别好用的软件介绍给我们。她对新生事物充满好奇心，周末不是在家里看书，就是报班学习，接触各类人，学习各种新技能。学习之余，她帮家人做海产品网上营销，办公室同事不断分享到新鲜的"好货"，真好！她提倡大家使用网盘，让我们都告别了 U 时代。

她是个协调能力特别强的人。虽然她的工作量非常大，但她能够在备考生、两个班英语老师、营销顾问等多重身份间自在切换。她不太熬夜，喜欢坚持早睡早起，每天晚上帮助家人，每天早上看书……和她在一起，你会觉得自己很年轻，人生有无尽的可能性。

扪心自问：我有她这么强的求知欲吗？我有她这么蓬勃的生命力吗？我有她这么爱拼搏的勇气吗？

（二）提升专业素养

姗既是学校的历史老师，也是学校的党建工作负责人。她每日有做不完的材料和报表，忙不完的活动和汇报。

姗最让人佩服的是过硬的专业基本功。她的专业起点很高，但她并没有就此止步。虽然她的工作很繁杂，但她还是每天坚持精心备课、认真上课。她始终记得自己安身立命的根在哪里。她之所以能保持一颗纯粹的心，是因为她对专业的敬仰、对学生的热爱以及对人生方向的清醒把握。她和我一起，在晓军的引导下自己开通了公众号，她深厚的历史专业学识，吸引着一批志同道合的人。

她在繁忙的工作之余，不断提升自己的专业素养，不断成就自己。姗是实力派，工作不足十余年，有四年是在带毕业班。每年的中考真题倒背如流，试卷分析头头是道。

扪心自问：我有像她这么扎实的专业素养吗？我有像她这般日复一日地坚持修炼基本功吗？

（三）要有自己的一技之长

崔老师是一个温婉、贤淑的女子。她的课堂生动活泼，她的笑容甜美可人，她还拥有"超能力"——烘焙技术。

工作之余她喜欢烘焙，每天晚上批完作业、带娃儿捣鼓，用一双巧手制作各种美味的饼干、蛋糕，极大地提升了身边亲友、同事们的幸福指数。

烘焙只是她的兴趣，她并不指望卖蛋糕、饼干赚钱，但在我看来，这就是她利用业余时间修炼的一项技能，这个技能可以为她的人生增加一种可能。

我还有很多这样的朋友，数学老师可以玩转美甲，语文老师可以当健身教练，历史老师的口才可以惊艳四座……

扪心自问：我有什么一技之长可以让我的人生多一种可能？总之，我们要让自己具备终身学习的能力，具备过硬的专业素养，具备一技之长。这是由无数个夜晚的静思、无数寂寞时光的奋斗堆积而成的。

三、成长是义不容辞的责任

我先生虽然比较能吃，但是却很瘦。医生说是因为脾胃不和，若不调理好脾，即使他吃再多的补品也无济于事。

这让我联想到一个问题：为什么一些老师听了那么多讲座，还是没有进步？我想原因可能就是"脾"不好，学习再多也不吸收。什么是老师的"脾"？我觉得就是心态。

如果听讲座时如饥似渴，听完后就想看书，想实践，想提高，那么你就具有渴望进步的成长型心态。

（一）你有成长型心态吗

读张玉石老师写的一篇文章《老师，你为啥这么"穷"》，她从心态、观念、思维三个方面对比"穷"与"富"。文章引起较大反响，老师们纷纷留言，主要分成两大派。

［A派］

吉林的郑老师："好文！我对照表格中的文字进行了自我反思。感谢！"

广州的蓝老师："'穷'是因为在潜意识里就觉得自己不配拥有更好的。"

东莞的戴老师："坚守最好的方式是提高认知水平，提升思维能力。与其在盛世繁华里怨天尤人、顾影自怜、暗自神伤，不如在清风明月中沉淀自我、绝地反击、翩翩起舞。"

［B派］

网友1："对我而言，教师职业就是一个跳板，我可没有高大上的情操……"（我想说："在个人发展方面，您是有进取心的；但作为教师，您缺少成长型心态。"）

网友2："您接触的环境和大部分老师接触的环境或许不大一样……毕竟我不能开个公众号，顺便赚外快吧。"

A派老师具有成长型心态，他们的心态平和，能反思自己，追求进步。B派老师缺乏成长型心态，他们身上有一种戾气，不允许别人指出自己的问题。

（二）为什么要有成长型心态

1. 成长是为了遇见更好的自己

没有哪一代人的青春是容易的。没有哪一个人的成长是轻松的。有老师批评，认为"站着说话不腰疼"。言外之意是说和张老师一样的人都很有钱，不理解他们上有老、下有小的生活艰辛。

张老师把网友的话告诉自己的妈妈，老人家很无奈地笑了笑，叹了口气，脸上掠过一丝哀伤。她不是为女儿被喷难过，而是因为家庭的拖累让她心生愧疚。家家有本难念的经，任谁没必要告诉你自己的生活窘境。若把自己的经历写成一本小说，该是催人泪下的励志书。与其怨天尤人，不如努力改变。成长是我们可以和命运抗争的唯一途径。

我们不该轻易放过任何一次能够提升自己的机会。

分享一下我参加各级评选比赛的经历。县级选拔时，我很担心自己被刷下来，于是在日常工作之余，我把相关的十几本书全部认真读完了，反复磨课，终于县级出线。机会难得，我在市赛前没日没夜地看书、磨课，白天照常给学生上课、备课、批改作业，晚上看书看到凌晨一两点钟，第二天五点半起床上早读。功夫不负有心人，最终我在市赛中取得较好的奖次。

主持省级优秀班主任工作室以来，学习开通、运行公众号，我努力坚持更新，多少个夜晚，办公室里只有我一个人挑灯夜战；多少时候，别人在网上购物，我在写作；多少个休息日，别人在逛街，我在闭门修炼……

经过这么多年的不懈努力，我遇见了更好的自己。成长，给我安全感；成长，让我更自信。

2. 成长是为了做学生的引路人

牛老师特别爱读书学习。几年前有一天，他在朋友圈晒出自己一年要读的书单，居然有 100 多本。他说这是送给自己的最好礼物。我惊讶牛老师的学习力时，他却自谦道："只是喜欢而已。"

正是这份谦虚好学的精神成就了牛老师。他学富五车，实乃"学高为师"的典范。得到那么多导师的教导，我越来越喜欢读书，家中书桌、沙发或案几上有随处随手可及的想看的书，下面放着读书笔记。从专业提升书籍到班主任德育类书籍，从国外到国内，从教授名作到一线教师的佳作，我都喜欢看。我只是一个普通的老师。唯有持之以恒地勤奋好学超越自己实现不断成长，做到这一点才多少有点儿不普通。曾经，我在晚上十一点接到过张凤兴老师邀请我加入他的省特级教师工作室的电话。我心里不禁感叹："不愧是名师，这么晚还在谈工作。"

教学一线的陈宇老师做班主任近30年,出版了多本个人专著,个人博客"老板老班"上的文章加起来有四百万字。陈老师说:"我所认识的,做教育成功的朋友几乎没有一个是早睡的,经常都是半夜三更还在工作。他们都很聪明。但是很多人只看到了他们的聪明、机遇、人脉,却不知道他们付出的努力。没有人能随随便便成功,聪明+勤奋才是成功的秘诀。"

是的,我们只看到别人的鲜花和掌声,却不知道他背后流过的汗水和泪水。好的人生都是从辛苦中熬出来的。成长注定是一场寂寞的修行。因为教师职业的特殊性,我们必须与时俱进,必须与学生共同成长。

3. 成长是为了做学生的榜样

嘉琳妈妈曾留言:"有的老师说,工资就是用来培养孩子的。其实,打扮自己、充实自己、提高自己也是给孩子树立榜样。这是换一种方式教育孩子。"我回复她:"不要把自己的梦想强加到孩子身上。我们要做孩子的好榜样,好妈妈胜过好老师。"

嘉琳妈妈是很爽快的个体经营者。我特别欣赏她的教育观念,她很会鼓励、引导孩子:她想教会孩子审美情趣,先把自己打扮得精致而有韵味;她想教会孩子乐观,首先自己做到不在孩子面前抱怨;她想教会孩子勤奋,用行动把自己变成孩子心目中的"拼命三娘"。

在她的影响下,嘉琳及她的两个妹妹都积极乐观、乖巧懂事,真是好妈妈胜过好老师!

在学校我们是别人家孩子的老师,回到家就是自己孩子的爸爸妈妈。学会转换角色,每个老师都能成为孩子的"好家长"。

虽然我们赚得不多,但我们可以用自己亲手烹制的一碗蛋羹教会学生感知幸福的能力;虽然我们没有倾国倾城的容颜,但我们可以用从地摊里淘来的一个精致的花盆告诉学生"人要活得漂亮";虽然我们不曾位高权重,但我们可以用转化后进生的实例告诉学生"努力发挥自己最大的价值"。

老师,你活得漂亮,就是对学生最好的教育。成长是我们义不容辞的责任,即使这过程其中有心酸、有痛苦、有孤独,但是,为了更好的自己,为了学生,我们必须成长。

四、为什么听了那么多讲座，你还是老样子

一直渴盼、期待自己工作所急需的培训，我特别希望可以聆听教育前沿的教育教学新理念，和磁场相同的前辈们交流，结识一帮志同道合的朋友。

有次参加崔教授的深度学习"教学评一体化"培训，第一天，我忍不住在朋友圈转发了一条消息："这培训真好，不要培训费，包吃包住，还送书、送观念和方法！"一位老同学看到后回复："老师都如此勤奋，难怪学生那么上进。"我回答："老师好好学习，学生才能天天向上！"我想，只有老师学到了专业的教育教学方法，才能教学生学得更高效，才能让自己的工作变得更充实。我真心不觉得出来学习很累。

一位老朋友下午来旁听讲座，却对下午的"教练技术"不感兴趣，直言"学了没啥用"。这是很多一线老师听讲座的普遍现象，很多老师希望听到"拿来就能用"的实用妙招，而对"高大上"的理论本能地排斥。我却对理论情有独钟，因为我们不但要知道怎么做，更要知道为什么要这样做，知道了才能做得科学，做得专业，做得高效。

很多老师问我：我为什么听了那么多讲座，懂得那么多理论，还是管不好自己的班级？可能有以下几个原因。

第一，听课时只关注自己感兴趣的地方。很多人听讲座效果不佳，没有真正意义上的改变，可能是因为听讲座时把注意力都放在自己感兴趣的地方上了，而缺乏深层次的思考。比如，某次专家的讲座里有很多体验式的活动，给老师们留下了深刻印象。老师们积极参与这些活动，体验"启发式提问"与"命令式指挥"带给我们的不同的心理感受，感悟"表扬"与"鼓励"的差异。

但是，我们回到学校之后，就会"鼓励"学生了吗？就不再"命令"学生了吗？我们往往被具体的新颖做法所吸引，把聚焦点放在这些做法上，却忽视了理论讲解。我们对这些"兴趣点"的理解和运用仅仅停留在模仿阶段，没有理解理论的核心思想。所以，上课时听得激动，下课后还有点儿冲动，回到学

校却没有实际行动。

第二，讲座经验零散，不能纳入自己的知识系统。专家或者名师的理念和实践，往往没有进行课程化设计，这是不是意味着我们听讲座就没有用了呢？不是这样的。我们要有选择性地吸收，把相关理念和经验纳入自己原有的知识体系。当班主任多年的我近些年一直在思考如何把德育与智育融合，以及如何把心理学的原理和技术运用到班级管理中，但一直苦于缺乏专业的心理知识。当遇到专业培训的机会，我一边听一边想，想着哪些可以运用到自己的班级管理中。同时，我的一些做法也终于找到了理论依据，有一些疑惑也迎刃而解，真是醍醐灌顶。

第三，缺乏研究意识，听课时只停留在表面。听讲座时我们倘若把自己放在被动接收信息的位置上，仅仅是接收新知识，记住一些可能有用的案例和经验，回去后照搬，听讲座的效果就会大打折扣。

缺乏对学生、班级的研究和探索意识，是一些老师听讲座效果不理想的重要原因之一。讲座里的案例和经验就像是衣柜里的衣服，你如果不穿，那么再漂亮的衣服也仅仅是衣柜里的一件收藏品。不把从讲座中听来的理念和经验拿来研究和实践，那么它们很快就会成为过眼烟云。只有以研究的心态积极与讲课者进行心灵对话，我们才能由内而外地变身。

五、格局有多大，未来就有多宽广

假期里我作为评委去一所学校听课。上午结识一位该校教师，他不断地抱怨自己的工资低、任务多，抱怨学校的管理有问题。晚上送我们去住处的另一位老师却一直说学校走到今天有多不容易，领导有多难，下车时还体贴地说："评委老师，你们辛苦了。"很难想象同一所学校的教师，口中的学校和领导竟然截然不同。

视角不同，看到的世界也不同。我们可以问问自己：我看待学校是什么视角？我在岗位上是什么心态？

我给全县新老师做培训时，时常强调要有格局、有胸怀。走在迷宫里，你看到的是一堵堵墙，是困难，是问题；但是当你站在高处时，你看到的是一条条路，是方法，是希望。站得高一点儿，视野就广一点儿；格局大一点儿，未来就宽一点儿。

一位当老师的学生给我发来微信："学生不怕我，令不行，禁不止。你有哪些好方法可以让学生令行禁止？"

看完她的问题，我心头一紧，回复她说："我看到这些字眼时觉得有些刺眼，从你的问题中我可以看出你管理班级时仍以管住、压制、战胜学生为目的。我认为若班级管理的目的仅仅是让学生害怕你的话，极有可能表面上风平浪静，背地里暗潮涌动。'亲其师，信其道'，学生爱你才会听你的话。你还是先转变自己的观念吧。"

如果你是新老师，不要怕，只要你的眼里、心里有学生，时时处处为学生着想，那么学生就会爱你、信你，你就会做得越来越好。

六、即使戴着镣铐，我也要翩翩起舞

"李老师，我也是个语文老师，我整天都在抓学生背书，怎么学生成绩还是上不去呢？我的压力好大啊！你有没有什么套路可以教教我？"

看到同仁的留言，我仿佛看到了多年前的自己，为了学生的成绩整日焦虑、担忧、痛苦。那时我把大量时间花在让学生死记硬背上，语文课堂上只有中考考点和答题套路，所以学生并不喜欢语文，我自己更没时间看书，专业能力止步不前。但我现在十分享受课堂，我每天都是笑着从教室里与孩子们共同生活。这要感谢我身边那些优秀的教育工作者，他们教会我如何做一个语文老师。

（一）芳姐：三年一盘棋，莫着急

开朗活泼、亲和力强的芳姐是带我走上语文教学之路的师傅，芳姐的故事，我在不同的文章里不止一次提到。

芳姐任教的班级是一、二班，但成绩有时被其他学校优秀班级赶超。她从来不着急，一边吸溜一圈杯口的茶，一边笑呵呵地说："三年一盘棋，莫着急。"

芳姐是真的言行一致。马上要期中考试了，芳姐还在带着班上的孩子们进行"美文欣赏"。

芳姐的语文课没有条条框框的预设，每节语文课只有一个主问题，学生可以天马行空地发表见解。芳姐在课上和学生聊文学，从苏轼的贬谪聊到陶渊明的退隐，从鲁迅的婚姻聊到胡适的母亲……生涩的课文总是被她和她那额头上整天流淌的成行的汗水讲得生动、有趣。

芳姐还写得一手工整的正楷字。学生争相模仿，所以她们班学生虽不天天刻意临摹，但是比其他班学生的字写得普遍好许多。

平时，她们班的成绩可能不显山不露水，但到九年级下学期时，她的班抓一抓默写、背诵，再规范答题格式，成绩就上来了。中考时顺利登顶。

从前我们总是笑她是个洒脱的"大姐大"，但到了中考方才理解她的那句话："三年一盘棋，莫着急。"

（二）陈老师：书本之外，还有曼妙的风景

陈老师是我身边最年轻的中师毕业的语文教师，也是我的学科引路人，我曾与他一起共事多年。

他的课从不局限于课本，在书本之外，繁花锦簇。他的语文课岂止"精彩"二字能够形容，就说《醉翁亭记》这节课吧，从学生时代到自己当教师，我前后听了几遍，还没听够。他用象形字给学生解读"语文"的内涵，他让学生给自己的名取个"字"，他把鲁迅变成邻家大哥那般亲切……他的文章大气隽永，读来不生涩，读罢有回甘。多年来被尊为"虎滩一支笔"。他的学生在他的培养下，热爱阅读和写作，经常在各类杂志上发表文章。

（三）涛弟：即使是在"工厂"里，我也要加工出艺术品

年轻的涛弟参加工作才一年，但是他思想的成熟度却远胜于我。看看人家的网名便知一二：慎始。他在文章中说：即使是在"工厂"里，我也要加工出艺术品。这句话说得掷地有声。他把主抓应试的学校称为"工厂"，把应试学校输出的学生称为"产品"。

在成绩要求较高的学校中，试卷像雪花一样多，他为学生撑起一把大伞，挡住雪花似的卷子，给学生一片自由的天空。他的生物课上的如语文，小到字

大到词，讲解力求准确详细，更注重书写。他说："生活里不能没有诗意。"他讲化学之所以妙趣横生，是因为他具有深厚的专业功底。他爱生如子，晚上经常与家长视频沟通学生的学习状态。于是，你便懂得了学生为什么那么喜欢他。

芳姐之所以能够坚守三年一盘棋，是因为她足够坚持与对语文深厚的热爱。

陈老师之所以能够看到书本之外曼妙的风景，是因为他凭着精湛的专业技能执着地用一颗赤诚的语文心打开通往广阔世界的大门。

年轻的涛弟之所以能够在"工厂"里面加工出精美的艺术品，是因为他有底气。

做有信仰的教育者，这样才有意思。从一般教师到班主任全无二别，与君共勉。

建构城乡班主任文化自觉实践探索

自 1952 年我国要求实行班主任制以来,经过七十年的发展,我们已建立起相关的规章制度,形成了独具特色的班主任工作范式。事务包办的角色扮演,令班主任工作成了一个无底洞。随着社会的进步、时代的发展、信息的多元,班主任工作内容越来越繁杂,班主任的压力越来越大。班主任的责任重,但班主任工作产生的实际效益却让人并不满意。在经济发展相对薄弱的乡村地区,建构乡村班主任文化自觉对于提高乡村教育质量有着举足轻重的作用。但是乡村班主任少有意识并思考个人发展问题,即使有,其专业发展目标也不够清晰,因此建构乡村班主任文化自觉,是继承并发展乡村教育的时代诉求。

一、班主任工作现状:班主任的职业幸福感严重缺失

每天,最早来到学校,上课之余,班主任就得从早到晚忙于烦琐的班级事务,晚上回到家,班主任微信群、班级群、学生家长电话仍在无缝隙、不间断地联络找寻着你。按常理,每天付出了那么多精力、体力,班主任在下班后工作之余应该内心充实。但是,在忙乱了一天后,大多数班主任心中留下的是种种难言的无奈和郁闷。

这正是当前不少班主任职业幸福感缺失的体现。

班主任在工作中缺少心灵上的自由、情感上的舒畅与行动上的机智,更多地表现出一种职业焦虑、情感压抑与工作低效的现状。

二、忙乱差的原因：班主任承担了过量的班级事务

（一）班主任无权要求本班任课教师协助自己完成班级事务

尽管目前的班主任制要求班主任经常联系任课教师，但对联系时间、联系内容等并没有具体规定。在没有学校制度赋权的情况下，班主任联系任课教师时缺乏权威，随意性很大，效果无法得到保证。在现实中，只有那些极少一部分同时具有学校管理人员身份的班主任、善于协调人际关系的班主任，才能在一定程度上协调任课教师，使其帮助自己完成一些班级事务。同时，在更多的教师的传统观念里，大家更喜欢承认班主任是任课教师和学生的服务者。

（二）学校科层制管理格局要求班主任完成大量管理事务

当前，咱们广大中小学仍然普遍施行自上而下的科层制管理体制。在这一管理体制下，各职能科室的管理人员根本无法直接管理班级和学生群体，他们迫切需要一个特殊的"一岗多职"的教师群体，既能对每个职能科室直接负责，还能和班级、群体学生、个体学生、学生家长产生直接联系，特别是能直接管理一个班级、一群学生及家长。往往处于兼职状态、没有明确的岗位归属、工作职责又不十分明确的班主任正好满足了学校的这一现实需求。"上面千条线，下面一根针"，是科层制管理格局下班主任工作状态的典型写照。班主任要对学校的每一个职能科室负责，哪个科室的"神经"动一动，班主任都要跟着"抖一抖"。QQ工作群、年级微信工作群，班主任随时在"闪电雷鸣"般的命令与"枪林弹雨"般的任务丛林里闪躲腾挪。

（三）各种力量要求班主任做一个事务完成者

现在，各种力量（尤其是家长）大多对班主任要求很高，希望班主任是全天候的，最好无所不知，无所不能。为了满足多种需求，班主任成了班级事务的包办者。

（四）没有建构起浓厚的班主任专业文化

目前，我国依然没有形成成熟的、专业意义上的班主任资格取得机制，依然没有清楚地界定班主任的素养结构、工作职责，依然没有完善的、系统的班

主任继续教育机制,依然没有形成规范的、独立的班主任工作学科研究共同体。没有班主任专业文化的支撑,班主任看起来并不像一个专业人员,大多数班主任只能在事务完成的层面操作,智慧含量不高。

三、班主任工作突破:班主任要实现文化自觉

在事务包办这样的实践基础上,广大班主任逐步形成了以满足多元化要求为目的,以管理、控制与束缚为工作策略,以不讲求专业内涵、快速完成班级事务为内容的工作范式。既然这一范式不被广大班主任接受,就要探讨建构新的工作范式。班主任这个岗位是中国独有的,认清、认可并积极打造独特的班主任文化是形成新的工作范式的应然选择。

(一)要认清班主任工作的独特文化内涵

(1)班主任是一个"文化人"。班主任通过对主流文化的学习、体认获得自身应有的文化素养,成为当下主流文化的代言人。在这一文化习得的过程中,主流文化因素自觉地融进班主任的综合素养中,自发地左右着班主任的行为。基于此,班主任被视为有独特文化底蕴的"文化人",是以文"化"人之人,班主任的工作过程被视为学生的"文化化"的过程,班主任工作被赋予了浓郁的教育文化色彩。这要求班主任做一个理性的"文化人"——具有文化自觉,能够理性地反思、批判自己的班主任工作的价值建构、工作方式选择等的人。这必然带来班主任文化的创新。

(2)班主任要自觉地重建班主任工作的文化生态。当班主任工作不能满足班级、学生的发展需求时,班主任就要自觉地根据新的价值追求去改造班主任工作,创造一个新的班主任工作生态。这意味着班主任将在自己价值追求的导引下,批判、反思,打破旧习,用具有创造性的实践推动班主任工作文化的变革。

(二)依托班主任文化自觉,实现班主任日常工作范式的转型

(1)班主任文化自觉的基本概念。班主任文化自觉是指生活在班主任文化圈子里的班主任对岗位文化有自知之明,并对班主任的历史沿革、当代发展

与未来走势有充分认识，自觉地把社会、学校、家庭赋予的责任，自己要履行的教育义务与享受的教育权利转变成文化信念、理性认识和行为准则，引导自己的日常实践朝着专业化方向发展，自我觉醒、自我反思与自我创建，把担任班主任的工作经历看作自我实现的过程。

（2）班主任文化自觉的逻辑过程。首先，从班主任对班主任文化的自知、自醒开始，经历自信、自行，最终实现自新、自强。其次，班主任要理性地认识班主任这个岗位的设置来由、需要履行的社会职能和专业尊严等，进而形成自信的岗位认同文化，使班主任在体验职业幸福的同时传递幸福。

（3）班主任文化自觉的独特属性。首先，班主任文化代表着社会主流文化的要求，与校园文化、班级文化、学生文化等学校文化形态交叉在一起，发挥着特殊作用，是学校文化形态中最具活力、最具有主体性的文化要素。其次，作为一种不可或缺的精神状态，班主任文化自觉是班主任专业发展过程中的重要动力机制，对班主任明确自身的教育文化处境、履行自身的教育文化责任等有着重要影响。最后，班主任文化自觉意味着关注班主任的需要与尊严，把工具性价值的实现与班主任自我人生价值的实现有机统一起来，使班主任工作成为班主任发现自我、升华人格并实现人生价值的幸福事业。

（4）班主任文化自觉的基本内容。

①岗位自觉。首先，要认清岗位属性。要认清并认同班主任的社会地位、使命和职责、工作状态以及收入水平等。班主任对自己的岗位属性的认识越明确、认同感越强，对班主任工作规范的内化程度和对班主任工作的投入程度就越高，职业幸福感也就越强。其次，要形成岗位规范体系。班主任不仅要对班主任这一岗位的社会价值有清醒的认识，也要关注自身的生存、发展和自我实现的需要，并建构理想的自我实现概念与自我实践规范。

②角色自觉。首先，要厘清班主任和普通学科教师的角色区别。班主任在完成从普通教师到班主任的角色转变中，要自觉地关注、认同自我的价值观念、思维图式与行为方式，创造性地进行班主任生活的建构。其次，班主任要做文化创造者。追求精神满足、价值实现是班主任作为"文化人"应有的生存状态，

更是落实班主任工作任务应有的追求。这是实现文化资本的积累与传承的过程，也是教育与文化的再生产过程。最后，班主任要做主流文化代言人。班主任是真正的"育人者"，根据社会的主流价值观来调适自身的价值观，并以主流价值观教育、引导学生，塑造其观念，规范其行为。

③专业自觉。首先，要形成稳定的自我发展意识。班主任应具有较强的自我专业发展意识、动力，自觉承担专业发展的主要责任，通过剖析自己的专业现状，规划并实施专业发展，从而实现专业的自我更新。立足于此，班主任要自觉地把专业活动当作研究对象，理性地审视自身的专业水平与专业实践，确立起对专业理想、专业发展目标的理论化认识。其次，确立个人教育观念。班主任的专业自觉带有鲜明的个人特征，除了不断生成个人的实践智慧之外，班主任还要形成个人的教育哲学。最后，建构起个人的实践性知识体系。班主任要自觉发掘自己的专业实践中存在的问题，并创造性地解决，然后不断梳理、总结工作经历，形成工作经验，最终提炼出自己的实践性知识体系。

④反思自觉。班主任要对自己的工作行为以及由此产生的结果进行反思，吸取经验教训，巩固思维结果，参与班主任工作改革。只有不断地对班主任工作进行审视、批判与重构，班主任才能不断地趋向理想的职业生存状态。

⑤研究自觉。班主任借助研究，用系统、理性的行动来解决实际问题，并提炼、总结自己的工作经验，在验证中提升实践智慧，建构起个性化的观念文化、行为文化。

⑥对话自觉。班主任个体的文化自觉不是封闭的自我认识，而是在多元、互动的文化生态系统中的自主选择，是对其他教师文化、学校文化的尊重与接纳。

四、班主任文化自觉的生成路径

（一）外生性学校主导：借助学校行政力量推进班主任文化自觉

学校要出台制度。设计方案，组织培训，建构起独特的校本班主任文化，以此引领，激励班主任实现文化自觉。

（1）实施发展性学校管理。学校管理者应当根据具体实际，减少制度的控制、约束，实行文化管理，给班主任的文化自觉提供适宜的空间。文化管理以学校文化精神为载体，构建教师的精神家园，最大限度地发挥班主任个体的主观能动性。

（2）打造各种专业发展共同体。首先，要引领本校班主任积极合作。班主任面对的教育对象和教育环境具有不确定性，很多矛盾与问题依靠个体力量很难解决，而不同的教师在知识结构，智慧水平，思维方式，认知风格等方面都存在差异。如果班主任能与任课教师，其他班主任进行对话、沟通、协调与合作，就可以发挥校本团队的教育力量。其次，要搭建班主任专业对话的平台，学校应该留意并积累可能对班主任有用的资源，如专业机构的地址与联系方式，指导专家的联系方式等。学校还可以通过采购咨询服务、聘请专家到校指导等方式建立稳定的专家咨询团队。

（3）提高班主任的文化素养。首先，要提升班主任的文化品位。班主任要通过阅读古今中外的经典（尤其是教育经典），观看高水平的文艺演出、游历文化古迹，欣赏美术作品等途径，增加自己审美体验的机会，涵养艺术情怀。其次，要塑造班主任的文化人格。对班主任的师德建设要加大监督力度，通过组织教师观看"最美乡村教师"等视频，引导班主任锤炼师德，加大教师礼仪培训力度，使班主任的形象、语言、行为走向审美化。最后，培植班主任的工作个性文化。应鼓励和支持班主任通过班主任工作个性展示，撰写实践特色总结，出版学术著作，树立文化品牌意识，形成班主任的工作个性文化。

（二）内生性个体行动：靠个体的自主实践实现班主任文化自觉

班主任文化自觉是班主任在与周围环境的相互作用中，通过自身的各种实践活动实现的，是一种动态回应各种影响因素的、循环互动的过程。班主任文化自觉需要外在的支持，更需要内在的自主实践。从这个意义上分析，个体实践是班主任文化自觉最基本和最主要的方式。在日常实践中，班主任要做好以下六个方面。

（1）做班主任工作理念的建构者，为文化自觉储备思想素养。教育思想的贫困比校园设施的落后更可怕。没有精神的自觉，班主任就不会有文化自觉行为的产生。没有自己的教育理念，班主任就无法建立起内在的精神王国，即便班主任取得了事业上的初步成功，也无法达到人生的安详、平和之境，其人格很可能会自相矛盾，乃至失去自身优势。不断提炼、生成自己的教育理念，班主任就有了精神的皈依。

（2）做班主任工作理论的创生者，为文化自觉储备理论素养。首先，班主任要不断提高自己的理论水平。班主任工作理论形态的最佳体现是其关于班主任工作的理论探讨文字。拥有了理论话语权，班主任便取得了真正的专业尊严。拥有了专业尊严，班主任方有真正的职业幸福可言。这时，文化自觉也就水到渠成了。其次，班主任要不断地改造自己的教育经验。对教育经验的改造是班主任进行教育理论建构的基本切入点。一方面，班主任要通过学习、交流与实践，不断反思、体悟，形成自身的经验系统；另一方面，班主任又要不断运用经验图式进行判断、选择，从而提升自己的日常实践水平。

（3）做班主任工作品质的反思者，为文化自觉储备反思素养。首先，班主任要在问题发现中求超越。"真理诞生于一百个问号之后。"要将习以为常的、自以为理所当然的班主任工作现象问题化，在反思中寻找提升工作水平的方向。其次，班主任要在事实梳理中求真义。只有不断反思、筛选，班主任才能透过现象看本质，才能有精神的觉醒与理性的彻悟。最后，班主任要在行动改善中求品质。

很多管理实践，只要班主任仔细分析，就可以提炼出极富价值的班主任工作规律，从而提高常态实践的理性成分。

（4）做班主任工作生活的记录者，为文化自觉储备表达素养。首先，班主任要不断记录日常杂感。落实常规工作、推进教育科研、观察现象、分析数据、阅读书报等时，班主任总会有所感悟。班主任要再三斟酌，然后以教育日志的形式记录下来。其次，班主任要在一个时期内持续书写专业日记。专业日记是从专业发展的角度记录一个班主任的转变过程及深刻体验，有利于班主任的专业发展。最后，班主任要围绕一个主题记录教育生活。班主任围绕一个主题记录的文字比较多，正好是其教育思想成熟的体现，是其具有教育个性的标志。

（5）做班主任工作经典的涉猎者，为文化自觉储备对话素养。首先，从一般阅读走向经典阅读。读经典，无疑是在和人类的顶尖群体对话，班主任要多读经典。其次，从打造阅读力，走向建构思想力。有了思想力，教师阅读就能为"我"所用了："我"的知识体系会在阅读中越来越完善，"我"的主张会在阅读中越来越鲜明，"我"的思想会在阅读中越来越深刻。再次，从广泛涉猎走向读通几本。在集中阅读的过程中，班主任会发现不同的自己，一路走来，自然会惊喜不断。最后，从读有字之书，走向读无字之书。班主任应该在解读自己的教育实践中触摸教育文化，激活自己的知识积累与经验体系，从而丰富自己的价值世界、知识体系。

（6）做班主任工作研究的前行者，为文化自觉储备研究素养。首先，要以实用性为主旨选择研究意向。以实用性为主旨选择研究课题，可以让教育科研真正服务于自己的日常实践。其次，要以质的研究为首选方法。质的研究关注的问题所涉及的地点、人物、时间和事件在教育生活中确实存在，对班主任和被研究者来说都具有现实价值。最后，要把每一个学生当作课题来研究。尽管研究每一个学生是一种长时间、多角度、多层面的融合研究，研究周期、内容和策略等都是混成的，但研究目标却是唯一的，是当事学生所需要的。

中小学语文教学"德智融合"探索实践

在语文课程与教学改革不断深化的背景下，如何贯彻落实基础教育语文课程"立德树人"根本任务，是一个亟待解决的重要课题。当前语文学科德育在理论研究和教学实践方面均有待进一步加强，语文课程"德智融合"教育思想，对于充分彰显语文学科工具性与人文性相统一的学科特质，探索"德智融合"的规律和方法，从而改变当前语文教学"失魂落魄"的状况，使广大语文教师形成育人自觉，实现语文学科育人价值的真正回归，具有重要的理论价值和实践意义。

一、研究背景

（一）基于新课程改革背景下课程育人的要求

党的十九大报告提出，"要全面贯彻党的教育方针，落实立德树人根本任务，发展素质教育，推进教育公平，培养德智体美全面发展的社会主义建设者和接班人"。2017年教育部颁布《中小学德育工作指南》，根据学生的年龄特点、认知能力和教育规律，提出德育目标为：教育和引导学生热爱中国共产党、热爱祖国、热爱人民，爱亲敬长、爱集体、爱家乡，初步了解生活中的自然、社会常识和有关祖国的知识、保护环境，爱惜资源，养成基本的文明行为习惯，形成自信向上、诚实勇敢、有责任心等良好品质。

同时，教育主管部门还明确提出"课程育人"的思想，要求教师充分发挥课堂教学的主渠道作用，将中小学德育内容细化落实到各学科课程的教学目标之中，融入渗透到教育教学全过程；并强调"语文、历史、地理等课要利用课程中语言文字、传统文化、历史地理常识等丰富的思想道德教育因素，潜移默化地对学生进行世界观、人生观和价值观的引导"。因此，本课题的研究具有时代意义与价值。

（二）基于语文学科特点和融合策略开发的需要

对于中小学生来说，道德信念处于萌生与形成阶段，道德判断逐渐由他律阶段过渡到自律阶段，可塑性强。在语文教学中，如果不能紧密结合文本内容，和学生讲述做人做事的道理，就难以被学生的认知结构同化。因此，教学中"德智融合"的策略显得尤为重要。

另一方面，统编语文教材已在中小学投入使用，这套教材加大了传统文化、红色经典等篇目的比重。在这种情况下，教师对"德智融合"策略的探索有助于更好地贯彻国家教育要求，引导中小学生培养爱国主义情怀、学习中华民族的优良传统，形成积极的情感、态度、价值观，更好地认识世界、认识人生、认识自我。目前，仍有一部分教师缺乏育德意识，或缺少必要的方法和策略，未达成教书育人目标其实践价值。

（三）基于深入挖掘语文名师教育思想时代内涵的需求

于漪老师的语文教育思想的核心内容是"教文育人"。教文育人就必须在语文教学中高度重视培养学生的思想素质、道德情操和文化素养，因为语文教育不仅仅承担着传承与复兴中华文化的重任，还要将学生培养成能够活出生命的价值和意义、实现人生目标、传递正能量、为社会和集体做出自己贡献的人。因此，语文教师要树立鲜明的育人目标，把育人放在第一位。语言文字是民族文化的根，语文教育是母语教育，其基本特征是工具性和人文性的统一。因而，语文学习不仅是外在的"形式学习"，还有内在的"心灵成长"，包括思维、情感、性格、能力等的成长，这才是教育的最终目标。

课程标准提出育人是语文的根本目的，要重视语言文字育人功能。作为语文教师，要穿行在中国语文教育史的立交桥上，用一种立交桥式的视界看待美丽而多姿的语文教学，让"德智融合"的思想得以在脑海中植根，在课堂中实践。

二、核心概念界定

德智融合：通过对"德育""智育"培养目标的整合，统整教学内容和教学过程，以情境任务创设和学生建构反应为主要特征，实现学科知识学习、能力培养与育人本质结合的最优化。

中小学语文教学"德智融合"策略的实践研究：为达成中小学语文教学德智融合的目标，在教学实施过程中提升"课程育人"的意识，不断调适、优化、完善教学内容、教学组织形式、教学方法和技术，使教学效果趋于最佳的系统决策与设计。

三、研究目标

（1）结合中小学学科德育中发现的问题，对区域中小学语文学科"德育""智育"现状进行分析，梳理、诊断教师在教育教学中存在的优势与问题，为"德智融合"奠定实证基础。

（2）借助对"学科德育""德智融合"等相关理论的深入解读，制定中小学语文教学"德智融合"设计方案，提炼、分析、比较教学策略，引领学生德智均衡发展的实践真正落地。

四、成果成效

（一）调查分析中小学语文教学"德智融合"的现状及问题

以初中语文课程"德智融合"教育思想和教学实践为资源，通过问题探讨和课例实践，深入研究语文学科"德智融合"，有利于改革当前从小学到初中各学段语文教学"德智分离"的现状，有利于充分彰显语文学科育人功能，促进语文学科育人价值的本质回归，有利于提升语文学科教学的育人质量，促进学生德性与智性的和谐发展。为此，特开展"中小学语文课程德智融合新情况下的问题探讨与实践研究"项目。为了使该项目的实施具有针对性、实效性，项目组先期开展了新情况下基础教育语文教学现状的全学段调研，了解语文新教材实际使用中的难点与问题，找出新背景下语文课"德智融合"在教育理念转变、课堂教学手段等方面的瓶颈及对策。调研对象包括基础教育阶段294名语文教师，65名大学一、二年级的学生，171名在读高中生，308名预备年级学生（其中122名学生调研内容为古诗文学习现状，186名调研内容为统编初中语文教材使用情况），419名小学二年级学生，392名小学五年级学生。各学段，独立设计问卷与访谈内容，形成调研或访谈报告。除去学情具有、学段特征的具体问题外，项目组发现了语文教学"德智融合"现状中的共性问题，并找到了相应对策。

1. 统编教材使用过程中"教"与"学"的问题与难点

新教材投入使用，对教文育人提出新的挑战，培养目标、语文学科性质、课堂教学结构与功能等方面需调整认识。从"教"的角度来说，主要反映在教学时间安排、教学资源的转化与使用上。有52.72%的教师认为，落实教文育人最大的困惑是"语文新教材识字量大（每篇课文有将近20字的字词教学），教学板块多，课时安排紧张，没有时间将学科知识和德育很好地融合并落实到学生"，相较选项"备课时与新教材相关的德育资源难找"高出34.35%。

通过对高中语文教师的访谈，我们发现教师对课程标准中学习任务群"当代文化参与"的操作与实施较为困惑。《普通高中语文课程标准》（2017年版）对该任务群设计意图的描述为"旨在引导学生关注和参与当代文化生活，学习剖析、评价文化现象，积极参与中国特色社会主义先进文化的传播和交流，增强文化自信"。由于尚未接触到新的教材，教师普遍认为这一任务群是难点。须明确"聚焦特定文化现象，自主梳理材料"的聚焦原则，探索"关注当代文化生活热点，聚焦并提炼问题"，"在阅读、表达中探析有关文化现象"的方式方法。

在对初中语文教师进行访谈后发现，新教材的使用存在"重课内、轻课外"的问题。学生学习态度不端正、家长不完全支持、教师未能正确引导以及应试教育的误导等等，都是学习不能拓展的原因。这点在古诗文教学中表现得尤为明显：教学时间不能真正保障，教学范围过于狭窄，方法过于僵化，学习的效果不够理想,仍然停留在"智育"的目标上。

在六年级,教师认为"最难教"的是《为人民服务》这篇课文。该文章年代久远,学生对那个时代的历史背景一无所知。目前的教师队伍以 70 后到 90 后为主,很多教师在求学过程中没有接触过这一类课文,因此在教授这类篇目前备课量激增,需要查阅大量的史料以弥补自身知识的不足,同时对信息进行筛选和重组,制定"以生为本""基于学生学习"的教学策略。

从"学"的角度来说,主要反映在学习内容对知识要求较高,忽略认知、情感层面的具体情况。有 31.29% 的教师认为,"低年级的课文篇幅较长,每课识字量多,学生学习压力大"。为了了解小学生对汉字的认知与情感学习,我们在 9 所小学的二年级、五年级中随机选取一个班级,请学生完成调查问卷。两个年级各回收问卷 419 份、392 份,其中有效问卷分别为 368 份、340 份。对于"语文课上也常常觉得汉字学习真有意思"这一选项,二、五年级学生做出否定性选择,即选择"不同意""完全不同意"的比例分别达到了 27.2%、30%,还分别有 13% 的学生选择了"无所谓"。这说明小学语文课堂视识字、写字教学,但在发挥汉字特点,挖掘、融合汉字背后的文化内涵与教育价值方面还有较大的空间。多数语文教师备课、教学时缺乏相关意识,对工具书的运用也不够。

另外,学生对不同时代背景的诗文理解存在难度。在教材内容编排上,有 26.87% 的教师认为,"有些课文离生活实际比较远,超出学生生活经验,学生难以理解"。

在高中统编教材中,增加了大量体现中华优秀传统文化的篇目。经过对 171 名在读高中生进行调研后发现,高中生认为学习传统篇目最大的难点是"时代背景差异较大""离生活较远",两项分别占比 66.53%、54.24%,另外有 41.1% 的学生认为"教师讲解乏味、单调",更有 31.36% 的学生认为"学习之后对当今生活没什么用处"。

同样的情况也出现在初中生的古诗文学习过程中。2018 年 9 月,统编版语文教材在预备年级正式投入使用,我们对 122 名六年级学生进行调查,学生们对古诗文学习中存在的问题进行了反馈。其中，76.23%的学生认为学习古诗文的主要困难是难以理解，有18.03%的学生则认为最大的困惑是能产生情感上的共鸣；91.62%的学生出于吸收传统文化精华、提高学习素养或感受美的熏陶的目的来学习古诗文，7.38%的学生则是为了应试。由此可见，学生学习古诗文主要是为了吸收传统文化精华，提高学习素养或感受美的熏陶，但古诗文与我们的生活距离较远，既难以理解，也不易产生情感上的共鸣，所以学生学习兴趣不高。

从另一方面来说，教师已经逐渐注意到"育人"的重要性和依据学情教学的必要性。还有一个值得关注的问题是，新教材的投入使用还使家长产生了一定的焦虑——有37.76%的家长认为，"低年级识字量较大，零基础入学有风险"。

2. "德智融合"的价值认同与方法途径

统编版教材使用对教学目标、实施过程与评价都会产生一定的影响，而最主要的是教师对"德智融合"的价值认同、意识培养、理念转变和实践转化。

经过长期德育渗透思想的宣传，语文教师对"德智融合"有一定认知基础和理念认同。其中，有46.6%的教师认为，"智育、德育是语文教学中两个一样重要的功能，必须在教学中融合，达成教学目标"；36.73%的教师认为"语文教学中有必要适度进行德育渗透，向学生传递正确的价值观"。由此可见，超过80%的教师意识到德育的重要性。

但访谈后发现，有的老师对语文课程的育人功能认识不足，如对语文课程在继承和弘扬中华优秀传统文化、革命文化、社会主义先进文化等方面拥有不可替代的优势，对于坚持和加强语文课程内容与学生成长的联系，让语文课程在促进人的全面发展方面发挥应有的功能等方面认识不足。

在"德智融合"的实践层面，教师已在教学设计与实施等主要环节探索了融合的关键做法。有58.16%、29.59%的教师分别在阅读课、口语交际课中尝试过"德智融合"。我们还发现，"德智融合"并不仅仅局限在课堂教学的实施过程中，有58.5%的教师在备课时已将其纳入设计中，"在设计教学目标、内容、过程和评价时，都会有意识设计有利于激发学生道德情感的问题或者教学环节"。"创设情境，尽量使教学内容与实际生活相联系"成为教师"德智融合"的主要途径。此外，教师也通过"给出两难问题""搭建学习支架""建立学习社群""教师以身垂范"等途径来实现"德智融合"。56.8%的教师认为讨论法是最适合"德智融合"的教学方式。

同时，也不得不指出，有三个问题值得深思。一是仍有10.88%的老师认为"语文教学主要传授语言学习的基本知识和技能，德育要求不能强调过多"。二是在阅读、口语交际之外的其他课型上，"德智融合"的技术、方法、策略探索仍显不足。究其主要原因，是对语文"德育""智育"功能的认识还不够深入，与语文课全方位、立体化育人的目标有差距。三是将"德智融合"理念转化为实践，具体落实到课堂时，教师的能力有所不足。

3. 语文学科"德智融合"支持系统的瓶颈及突破

育人是全面而复杂的问题，需要学生、教师、家长甚至社会其他力量的多方面参与。因此，语文学科"德智融合"也是多种因素综合作用的结果，难免受到制约。

调查结果显示，22.79%的教师认为"个别学生家长更重视学生的成绩，对品德习惯关注较少，教师进行德智融合教育时家长并不支持，这让教师感到孤立无援"。可见，"德智融合"的外部支持系统仍存在一定的瓶颈和需要突破的空间。

同时，教师积极探索提升"德智融合"能力的个体发展支持系统须加强。27.55%的教师认为需"加强读书自学，提升自己的人文素养和思想境界"，而21.77%的教师认为需"外出听课，学习借鉴优秀教师在教学中德智融合的方法、经验"。可见，教师要突破"德智融合"中的难点问题，个体努力和外部支持一样都不能缺少。

从专业指导的角度来说，可以通过以下几种途径加强教师"德智融合"的实践能力。一是市区层面的教研部门可组织人员编写与教材配套的"德智融合"教学资源，开发将育德点融合进语文教学的学习资料，尤其是对如何上好红色经典课文予以关注与指导；二是市区级的教师培训中心、部门需加强相关的培训指导力度,研发相关培训课程。

从学校管理来说,管理团队要通过制度文化建设来加强教师"德智融合"实践的引导和推进。

(二)挖掘中小学语文教学"德智融合"的内涵

语文教学"德智融合"的内涵就是以教材内容为载体,以课堂教学为主渠道,以立体多维的教学方法为手段,有效地对学生进行爱国主义教育、集体主义教育及社会主义核心价值观的教育,在提升学生语文素养的同时,培养具有正确审美情趣和健康人格的一代新人。

1."教文育人"的观念先行

20世纪70年代后期,语文教育十分强调工具性,于漪老师写了《既教文又育人》一文,认为语文教育只强调工具性,不利于实现语文教育目标。当时的教育方针提出:把学生培养成有理想、有道德、有文化、有纪律的"四有"新人,并具备一定的语文能力。于漪老师为此提出,"教文"与"育人"是统一的。

教文,即教会学生文化知识;育人,即培养人高尚的道德品质。我们应该坚决反对把教文和育人对立起来或割裂开来的做法,主张必须在语文训练的过程中进行思想品德的教育。应重视"学生"的个体,对于"人"本身给予了极大的关注。在教育方法上,她提出要以"学生为中心",了解学生,以学生的需要、学生的基础决定教学的方法和进度。我们老师关注学生对于知识本身的掌握,更注重在知识传授的过程中对于每一个"人"的培养,包括学生的学习兴趣、个人品德、爱国情操等等。

"教文"是实现"育人"的重要手段;"育人"所达到的程度,直观反映了"教文"的效果。两者是统一的,并非泾渭分明。它们是语文教育目的的两个方面,统一于教育目的之上。当然,这是一种全面育人的概念,不仅要求学生掌握语文的使用技能,还要重视思维力、想象力、创造精神、健全人格的培养,要使智力因素和非智力因素协调发展。

追根溯源,"德智融合"是"教文育人"思想在时代的回响,不仅要以课堂教学为抓手，更应成为教师所秉持的教育观。

2. 立体化多功能的课堂追求

教师组织课堂教学须综合思考诸多因素：学生接受知识的质和量，即对教学内容理解的正误、深浅与多少等，这些是就知识而言。就能力而言，教师训练学生语文能力的质和量，如训练内容的难易、分量，训练的不同角度。学生语文能力训练的质和量，如准确度、速度、掌握幅度与熟练程度。还有智力发展、思想熏陶、品德培养等等。

那么，如何实现这三个层面的目的呢？于漪老师在《语文课堂教学改革漫谈》中说："课要立体化，多功能。"针对课堂的立体化，她提出五点需要注意的地方。

（1）出发点。把从"教"出发的立足点转换到从"学"出发，"教"为"学"服务。"教"不是统治"学"、代替"学"，而是启发学生"学"、引导学生"学"，使学生有充分的用武之地。

（2）联系网。把直线往复的教学转换为网络式的教学，即把教师与学生的单向型联系转化为教师与学生、学生与学生、学生与教师的辐射型联系，使课堂真正成为学生训练听、读、说、写能力与发展智力的场所。

（3）节奏。一要清晰，二要灵敏。每个教学环节、每个教学活动要有很强的目的性，力避繁枝密叶，糊成一片。还要训练思维的敏捷性，能快速做出准确的反应与表达。

（4）容量。精心设计讲练的内容，考虑讲和练的角度与方式，努力把课上得立体化、内容丰富，使学生在有限的课时内，思想、能力、智力能获得多方面的培养。

（5）时代活水。教材中的作品，很多是古人的、外国人的，即便是中国的现代文也有很多是20世纪30年代的作品，而我们教的是新时代的学生，怎样缩短教材与学生的距离？教学中要注意引进时代的活水，课堂上要有时代活水流淌，让学生感受到时代的脉搏。

这五点总结了课堂立体化的具体方法。课堂不再单一，而是教育目标多样性，要让学生在有限的课时内，思想、能力、智力能获得多方面的培养。只有开放性强的课堂才能真正成为学生训练听、读、说、写能力与发展智力的场所。

3. 由"器"至"道"的价值引领

语文课程标准中明确指出：语文课程应培育学生热爱祖国语文的思想感情。在语文教学中，必须通过对字词句篇的学习培养学生热爱祖国语言文字的情感。相比德育"渗透"的观念，德智"融合"的要求更高：既要明确"智育"，又要明确"德育"，更要明确两者的边界与交集，寻找有效的融合途径。小学统编版教材中增加了不少古诗文的内容，在教学过程中，教师不但应该引导学生理解文本的含义，也应当循循善诱地帮助学生感受古诗文语言的凝练、含蓄之美。在教学语文的同时，也要让学生的心灵中自然而然地升腾起对祖国语言文字的热爱之情。

（1）坚定文化自信。

语文教学应该借助语言文字的学习，帮助学生体会中华文化的博大精深、源远流长，继承中华优秀传统文化，理解并认同中华文化，形成热爱中华文化的感情，增强文化自信。

在统编版语文教材中，有许多相关的教学内容。比如二年级下册识字单元的《中国美食》一课，教学中除了要引导学生抓住形声字的特点归类识字，从字形出发，理解"煎""烤""蒸"等体现烹饪方式的生字字义，还要在识字的过程中，让学生能感受到中国丰富而独特的饮食文化。又如在教学与中华传统节日有关的课文时，可以通过阅读课文和开展相关的语文探究活动，帮助学生了解节日的由来、风俗及其中蕴含的人们对于美好生活的向往。统编版教材中也有不少上古神话和历史故事，如《羿射九日》《盘古开天地》《精卫填海》，教师在教学中，除了引导学生感受神话中神奇的想象，还要通过对故事中人物形象的分析，让学生感受中华民族不畏艰险、勇于牺牲的民族精神。而在学习《将相和》等历史故事时，则要让学生体会到中华文化对于国家民族大义的崇尚。当然，除了课文的学习以外，习写汉字、诵读诗文、拓展阅读等活动也能帮助学生认识到中华文化的博大精深，增强他们的文化底蕴。坚定学生的文化自信是语文教师必须担负起的责任。

（2）健全人格品质。

合作与交流是个体生存在现代社会中的一项必不可少的技能。学会合作与交流才能更好地完成各项任务，为祖国建设出力。这项能力的培养也是语文教学中不可忽视的一个内容。纵观名师的课堂，主张的是以学生为主体，重视师生合作、生生合作，共同学习与探索。正是这种和谐的课堂氛围，才能帮助学生更好地进行合作与交流。教师在课堂上一定不是主讲者，一定不能满堂灌，要根据每篇课文的特点，设计合适的教学活动，组织有效的小组合作、同桌合作等活动，在活动中引导学生自主探究文本的主题、语言的特点，让学生在习得语文知识的同时培养合作精神。表达训练也是语文教学的一个重要任务，在什么时候讲什么话，用什么态度进行交流，是语文学习的一个重点。统编版语文教材中的口语交际课《用多大的声音》《请教》《安慰》等都是在教学生如何与他人进行正确的沟通与交流。而学生在课堂上每一次提问、回答，他们发言的方式、态度、语言也都需要教师进行正确地指导。在日积月累中，学生提升了语言素养，也逐步形成了良好的人格品质。

（3）培养创新意识。

实现中华民族伟大复兴需要创新型人才，培养学生的创新意识和创新能力刻不容缓。于漪老师的语文教学就非常重视培养学生的创新能力。我们从中可以得到的启示是：首先，语文课堂应该是自由和谐的，老师亲切和蔼、引导有方，学生思维敏捷、积极主动，只有营造出这样一种宽松愉快的氛围，学生的个性才能够充分发挥，才敢于提出自己独到的见解；其次，可以结合教学内容，在语言训练中培养学生的创新能力。比如在低年级教学中，教师可以通过一些联想说话的训练来引导学生根据课文内容进行合理大胆的想象，初步培养学生的创新意识；而中高年级开始的写作训练，对培养学生的创新能力更是意义重大，要从拟题、选材、布局、谋篇等各个方面引导学生善于发现别人没有发现的内容、采用别人没有用过的方法，表达出自己对事物的独特看法。总之，语文教学要鼓励学生的创造精神，为培养社会需要的创新型人才做出一份贡献。

（三）形成中小学语文教学"德智融合"的基本策略

1. 着眼"两度"，丰实内容

"两度"指的是广度和深度。广度：语文学习的外延是生活，不光要学习语文知识，还要学习历史、哲学、科学、艺术等等。教学中应审慎选择知识点加以延伸扩展，尽量把课上得丰满，不断增加学生的知识储存，使他们吸取多种营养。深度：深挖教材，将教材中深邃的思想、精辟的见解、浓烈的情感渗透到学生心里，把最有价值的东西教给学生。

教师钻研并掌握教材，好像导演处理剧本，需要一个艰苦的再创造的过程，达到懂、透、化的要求："懂"是掌握教材的基本结构；"透"是对教材融会贯通，使之成为自己的知识体系；"化"指教师的思想感情要和教材的思想性、科学性融合在一起。教师掌握教材，目的是为了教学。所以，还要从学的需要出发，对教材素材进行加工提炼，从深度和广度挖掘教材，使课堂教学内容充实而不干瘪。因此，"德智融合"需不断研磨、挖掘教材中的育人元素。

（1）语文教材中德育内容的广泛性。

语文课的"德智融合"是一个广义的概念，它包括了政治教育、道德教育、心理品质教育、民族历史教育等多个方面的思想内容。

教科书以传承与弘扬中华民族语言文化、塑造民族精神品格为己任，通过统筹安排中华优秀传统文化内容，扩大题材的覆盖面，提高题材的多样性，增强学生文化认同感和民族自豪感，为学生潜移默化地注入精神营养。部编教材中的课文，"有意思"与"有意义"兼具，在激发学生学习兴趣的同时，有助于学生的精神成长，德育内容体现了广泛性。教材注重将社会主义核心价值观、中华民族优秀传统文化、良好的思想道德风尚等人文教育内容自然融合在教科书中，激发学生热爱祖国的思想感情，培养他们自尊自立、勤劳勇敢、自强不息的美好品德，增强社会责任感。以统编版语文教材二年级下册为例，教科书中编入4首古诗、2则古代寓言以及富含传统文化因素的识字课，并在"日积月累"板块中，有序安排了古诗、俗语、古代名言、传统文化常识等内容。这一篇篇课文、一部部教材构成德育教育的有机整体，学生们通过学习、积累，不断丰厚语言和文化积淀，为成长打下精神的底子。

（2）语文教材中德育内容的分散性。

语文教材和道德与法治教材不同，它不可能按照思想教育的体系进行分阶段、分目标的编排。

语文教材与德育教育相结合，应遵循语文教学的规律，遵循学生的年龄特点，知识由易到难，分项安排，将多种因素的德育内容蕴含在教材选定篇目的语言文字之中，分散在各册各类课文之中。例如，低年级教材中的《雷锋叔叔，你在哪里》《千人糕》等课文告诉孩子们："哪里需要献出爱心，雷锋叔叔就出现在哪里"；"一块平平常常的糕，经过很多很多人的劳动才能摆在我们面前"。这些课文用通俗易懂的语言向学生传达着热心助人、热爱劳动、珍惜劳动成果等美好品质。中年级的《要是你在野外迷了路》《海底世界》用趣味幽默的语言让学生融入大自然，享受大自然，感受大自然的美妙。高年级的《英雄王二小》《圆明园的毁灭》则用生动炽热的语言反映了中国人民遭受帝国主义侵略的苦难和英勇反抗的民族精神，激发学生的爱国热情……德育内容分散在语文教材中，学生在学习课文的同时能有效地接受品德教育，在教学活动中真正地做到了德智融合。

（3）语文教学中德育内容的潜藏性。

语文教材和道德与法治教材都具有德育功能，但两者却有很大的不同。道德与法治教材德育意图明显，语文学科的德育内容则往往潜藏在文章的字里行间，特别是常识性课文和基础训练中的德育因素，潜藏性更强。这就要求我们在日常语文教学中要钻研教材，准确地把握德育的精髓，在找到语文要素、语文知识点的同时找到与德育的契合点，挖掘德育内容，这样才能有效地在语文教学中做到德智融合。比如，一年级下册课文《动物儿歌》是一首有节奏、有韵律、充满童趣的儿歌，它用"谁在哪里干什么"的句式，介绍了六种小动物的生活习性，形象地展示了它们美好快乐的活动场景，从而激发孩子们了解小动物的兴趣。这样一首儿歌，德育因素看似没有，其实隐藏在了语言文字中，只要善于发现，就能挖掘出来。比如课文中有"蚯蚓土里造宫殿"这样一句话，老师可以向学生展示蚯蚓松土后泥土的图片和宫殿的图片，通过比较，让学生感受到蚯蚓松土犹如造宫殿一样是个大工程，可见蚯蚓不仅爱劳动，还拥有认真、耐心、坚持不懈的品质。老师可以抓住这个点对孩子们进行德育教育。在掌握语文要素的同时进行及时有效的德育教育，就能做到育人无痕。

（4）语文教学中德育内容的形象性。

就教材而言，道德与法治和语文教材都可做德育的材料，但前者的内容常以理性的、概括的、抽象的内容为主，后者则以感性的、形象的内容为主。

考虑到学生的年龄特点，为了让他们更好地掌握语文知识点，知道做人的道理，部编教材编选课文时注重文质兼美，凸显工具性和人文性的统一。课文贴近儿童生活，大都有饱满的人物、丰富的情感、生动的故事、优美的文字，从而有助于启迪儿童的思维，开阔儿童的视野，培养儿童的爱国热情等。如《吃水不忘挖井人》讲述的是毛主席为村民挖了一口井，乡亲们感恩毛主席的故事。课文结构清晰，用朴实简练的语言将事情交代清楚，以饱满的人物现象教育孩子们要珍惜现在的幸福生活，懂得感恩。又如《我爱家乡的杨梅》，这是一篇状物的文章，脉络清晰，词句优美。文章写了杨梅树和杨梅果，并形象地描写了杨梅果的形状、颜色和味道，字里行间流露出作者热爱故乡杨梅的思想感情，从而教育孩子们要热爱自己的家乡，热爱自己的祖国。再如《慈母情深》，文中具体、生动的场面描写，清晰、形象的人物描写，细致、准确的情感描写，无不让学生深深地体会到"慈母情深"，从而教育学生对母亲要有敬爱、感激之情。由于课文中的德育内容比较形象，因此德智融合的效果极佳。

2. 以美陶冶，唤起内在情感

以语言文字为中心的认知教育与情感教育、审美教育、人格教育高度融合，这是一种境界。语文教学中有丰富的美育因素，自然美、人文美、语言美，无处不在，有意识地对学生加以熏陶，能使学生的情操高尚起来。因此，在教学中应当融知识传授和德育、美育于一体，通过语文教学培养学生的审美情趣，以美陶冶，唤起内在情感，扣准"动情点"。

语文课程标准中提出，语文课程还应通过优秀文化的熏陶感染，提高学生的思想道德修养和审美情趣。于漪老师也说:"语文教学中美育的任务也很明确,培养健康高尚的审美情趣和一定的审美能力。语文教学把发展学生感知美、理解美、欣赏美、创造美的能力作为基本任务之一。"

(1)感受文本描绘的自然美。

中小学语文教材中蕴含着丰富的自然美的内容。无论是"飞流直下三千尺,疑是银河落九天"的庐山瀑布,还是"淡妆浓抹总相宜"的西子湖,自祖国的南疆到北国,从古代到现代,这一篇篇描绘祖国山河的诗文带给人无限美的遐想。在讲授这些诗文时,应让学生感受到山河的壮丽,从而激发他们热爱祖国的情怀。除了讴歌祖国山河的诗文,语文教材中也有不少如《火烧云》《观潮》等描绘自然现象的课文。教师在引导学生欣赏这一幅幅用语言绘就的绚丽图画时,也应该启发学生进一步思考,让他们领略到大自然的美好和生命的美妙,从中获得美的享受。

(2)体悟文本蕴藏的人文美。

除了自然美,课文中所蕴藏着的人文美,更值得我们好好挖掘。比如《司马光》中聪明机智的少年司马光,《为中华之崛起而读书》中的周总理,《青山不老》里的植树老人,用祖国传统中医药为抵抗人类疾病做出巨大贡献的屠呦呦……在讲解课文的同时,还要引导学生体会这些古今中外优秀人物的美好品质。另外,许多课文还蕴含了真挚的情感,值得好好体悟。这些都需要教师在教学中入情入境地带领学生去细细体会,使学生的心灵得到净化,思想得到升华,情操得到陶冶。

(3)学习文本运用的语言美。

文学本身就是语言的艺术,学习文章遣词造句的美是语文教学的重要任务之一。比如巴金的《繁星》一文,语言朴实,条理清晰,通过联想为我们勾勒出星群密布的蓝天的美妙,体现了对美好事物的追求,读后令人回味无穷。在教学中,教师要带领学生通过文字展开合理的想象,身临其境般地感受作者的语言文字所体现出的艺术美,同时通过有感情地朗读来进一步内化这些极具感染力的语言文字。当然,语文也是一门实践性很强的学科,在体会语言美的同时,教师更应该指导学生善于发现身边的美好事物，并学习运用祖国的语言文字将自己的情感生动地表达出来。

3. 促多思善思，优化思维品质

语文学科是一门多功能的育人学科，因此语文教学须讲求综合效应，力求实现"学力形成"和"人格形成"的统一。语文教学须牢牢把握语文的工具和人文属性，把语言的工具训练与人文教育有机结合起来，从现时代的要求出发，引导学生熟读精思、勤学多练，博览群书，开阔视野，在学语文的过程中学做人，明事理，塑造自我心灵，培养完美人格。独立思考，不人云亦云，认识事物不浮光掠影，这就需要善于思索，深究底里，洞悉事物的本质。对于学生而言，学会学习是很重要的，因此，教师需要关注思维品质的培养，既让学生感受语言文字的使用价值，又使他们在潜意识状态中拓展思维的广度、深度、严密度、开放度。

作为语文教学的核心内容，语言训练与思维训练同等重要，学生要学好语言，提高语言运用能力，必须同时提高思维能力。思维发展与提升也是语文核心素养的一个重要内容。为此，教师在教学中，首先要鼓励学生发现问题，善于提问。教会学生质疑问难一直是语文教学的重点内容。教师要在培养学生静心阅读的过程中，教会学生敢于质疑和有效质疑，如：抓住课文矛盾之处，激发思考，巧妙设疑；边读边思，细心找出文本中不理解的地方提问；等等。其次，要在阅读文本中教会学生深入思考。教师要善于创设辨疑、析疑的条件和氛围，在调动学生知识储备的基础上，灵活运用纵向比较、横向比较等方法对学生进行语言和思维训练，培养其良好的思维习惯，发展其思维能力。当然思维的独特性也很重要，教师在教学中要努力为学生营造独立思考的空间，鼓励学生不盲从、不依赖，敢于发表自己独特的观点。

4. "声情并茂"，灵活无恒

语文课绝不是一成不变的，所用方法有许多种，情境创设、朗读示范、语言品味、点拨引导，或激趣，或体察，或启迪，或滴灌。千课千法，一课一格。

激发学生对语文的热爱，空讲道理不可能奏效，要善于抓住学生的心理，把课上得有吸引力，像磁石吸铁一样，牢牢吸引学生的注意力。要在课内课外品评字词，鉴赏作品，让学生置身于祖国语言美的海洋之中，热爱的感情充盈胸际。学生的向师性很强。于老师强调教学语言要讲究艺术，力求生动、有情趣。教师的教学语言生动形象，语言的表现力就会增强，就能诱发学生的联想、想象，激起学生情感的波澜，使他们受到语言的强烈感染，爱上我们的母语。

因此，要做到"德智融合"，活化用语，"声""情"并茂，力求灵活无恒的课堂模式。

（1）理解词句，重点辨析。

学生在教学活动中要学会"揣摩与品味"的方法，强化语感训练，挖掘语句的含义，深刻领会作者的意图，品味思想内涵，从而达到提高能力、渗透思想情感教育的目的。比如统编教材五年级上册《慈母情深》一课，围绕"作者第一次发现了什么？心情是怎样变化的？画出有关句子，圈出重点词，想想作者是从哪些细节描写入手的"这一教学主线，要求学生用多种方式读课文，从描写环境、动作、语言、神态等的词句入手，体会贫穷辛劳的母亲在极其艰难的生活条件下省吃俭用，却不顾同事的劝阻，毫不犹豫地给钱让"我"买《青年近卫军》这件事所表现出的慈母对孩子无私的爱。最后让学生从课文出发，联系实际回忆母亲对自己的爱，表达对母亲的感激、敬爱之情。这样，德育就自然而然地渗透到了教学之中。

（2）朗读训练，情由心生。

统编教材中课文都经过精心挑选，或是璀璨文明的展现，或是优秀人物的歌颂，或是大好河山的赞美……有利于激发学生对祖国的热爱，也有利于学生优秀道德品质的养成。学生可以通过朗读感受文章内容，陶冶美好的心灵和高尚的情操。

比如低年级的《祖先的摇篮》、中年级的《桂林山水》、高年级的《鸟的天堂》，教学中可以让学生抓住描写景物特点的句子，采用默读、齐读、小组读、男女生读、比赛读等多种多样的朗读方式，自然而然地了解原始森林的美好、桂林山水的奇特、鸟的天堂的神奇，进而感受到祖国历史的悠久、河山的壮丽，激发孩子们热爱祖国的情感,这样的德育渗透也就做到了润心无痕。

(3)情境创设,水到渠成。

语文课堂教学活动中,创设情境是一种常见的教学形式,能帮助学生理解课文所要表达的内容和情感。学生只有入情入境,才能与作者产生共鸣,受到教育。比如,在《慈母情深》的教学过程中,教师可以播放昏暗的工厂中摆放着一排排缝纫机的画面,以及众多缝纫机被踩踏发出的声音,让学生立刻从视觉上、听觉上感受到母亲工作环境的恶劣和赚钱的辛苦,感受到母亲对作者读书的极大支持、对孩子无私的爱,感受作者内心的震撼和对母亲的敬爱。又如,在教授《狼牙山五壮士》一课时,教师播放了五壮士英勇跳崖的视频。学生们看到五壮士为了完成任务,面对敌人的进攻宁死不屈的画面,听到五壮士气壮山河的声音,都被深深震撼,不仅激起对侵略者的仇恨,也感受到热爱祖国、热爱人民、勇于牺牲的革命精神。通过创设情境,德育会变得水到渠成。

五、问题与思考

课堂教学的价值核心是不变的,那就是要把课上得"有魂有魄"。语言文字是形式,要在形式的基础上,引领精神的成长。在研究过程中,须不断思考三个问题:"德智融合"的内涵与外延是什么?教材是"为他读",还是"为我读"?怎样的融合既有效,又能增强学生主动学习的意识?

(一)"为我读"是"为他读"的基础

"德智融合"对教师的文本解读能力提出了很高的要求。冯友兰曾把读书比作"过河拆桥"。语文课是一个整体,语言文字作为桥梁,起到了一定的媒介作用,但更重要的是审视语言文字背后的精神,须做到教文育人,以精髓给养学生的精神,让他们找到"魂魄"。

教师要着重钻研教材,洞悉文章的个性,为克服"千课一面"的教学弊病打下坚实的基础。课文各有特色,教学时要把握特色,从不同角度、不同侧面引导学生琢磨、体会作者的写作意图和构思的匠心,这样才能做到"一课各样",教出个性。学生有了新鲜感,学起来自然兴趣倍增。

（二）引入活水，把握尺度

"引时代活水""时代的活水要在课堂上流淌。"时代的信息与学生的思想感情最容易沟通，课堂上常有时代的活水流淌，气氛就会活跃，精神就易振奋。

对于教师来说，需要解放思想，挖掘课文的教育价值，使历史意义与现实意义并重。例如《为人民服务》一课，即便放在当下防疫阶段，仍然有现实意义。经典篇目是人类思想的结晶，推动着社会的进步，因此必须挖掘其在当今时代潮流中的价值。

要使学生在课堂上"思接千载，视通万里"，就必须引入活水，找准深浅的"度"。所谓"深度"，绝不是离开课文和学生实际故作高深，而是严格遵循课文内容与形式统一的要求，从内容到形式，再从形式到内容，经过不止一次的反复，学生对课文的认识才会螺旋式地从表面进入深层。所谓"深度"，必须遵循学生从感性到理性的认识规律，着眼于"引"，着眼于"点拨"，这样学生的思维才会产生质的飞跃，提高分析事理的能力。要做到这一点，教师必须努力向教材深处挖掘，设计出精彩的问题，引导学生进行深入思考。

（三）"教文育人"须植根于心

"德智融合"要走进课堂，关键在于教师"教文育人"意识的切实提升，其中包括两层含义。一是教师必须树立正确的教育教学理念。诚如于漪老师所说，要站在时代的制高点上，站在科教兴国、人才强国的战略制高点上，站在与基础教育先进国家竞争的制高点上审视教育。以教育自信办自信的教育，扎根中国大地办教育，引导学生创造有价值的人生。在传授知识的同时，熏陶思想，塑造品格，真正去除愚昧，提升学生做人的气质。二是教师的专业发展须伴以精神的成长和人格的不断完善。为人师者，要做到"师风可学"。教师要完善自己的人格，代表最先进的文化，不懈追求真善美，抵御假恶丑。在强势文化不断入侵的形势下，教师要坚守思想的阵地，坚守育人的阵地。为人师者，要不断反思，像于漪老师一样"做一辈子教师，一辈子学做教师"，不断完善人格、提升境界、锤炼感情。

中学语文教师专业理论与教学实践转化的探索实践

对教育理论向教学实践的转化有一个超越一般哲学的理解，这无疑有利于人们摆脱观念的和原则性的笼统思考。在哲学作用于中学语文领域的实践这一方面，我们需要借助科学的思维，去分析事件，并借助缜密思维，让思想深刻地影响行为。

教育发展需要语文教师素质的提高，新课改使得中学语文教育与教师素质水平提高成为迫在眉睫的事，成为成败的关键。自实施新课程改革以来，学校语文教师在教育教学等方面都发生了积极、可喜的变化，但是把这种变化放在日新月异的教育改革发展形势下，放在全县教育发展的环境中来看，仍然存在着许多不容忽视的问题，这些问题如果不能尽快解决，必然成为教育改革的新阻力，影响教育教学质量的进一步提高，也必将拉大已存在的我校与全区其他学校的差距。

推行新课程改革提高教育教学质量关键在于语文教师素质的提高。学生的大部分时间是在学校度过的，教师是实施素质教育的主将，是学生成长的主导因素之一。认真研究教师中存在的问题，不断优化教育教学理念与教学设计，提高教育教学水平，从而不断提高学校教育教学质量是教育发展的永恒主题，而这一主题的践行必须依赖于教师素质水平的提高。要保证教学质量这一旗帜高高飘扬，就必须不断积极推进教师素质水平的提高。

人民对一个学校满意不满意，关键看学校教育教学质量。教学质量高不高，在很大程度上取决于教育教学水平。提高教师教育教学质量，办好人民满意的教育。提高教师教育教学水平，就要不断反思、总结。善于发现问题、分析问题、解决问题。只有紧抓住提高教师教育教学素质水平这一主线，才能为提高教育教学质量提供切实保证。

教师专业发展不仅是学校教育质量的根本保证，更是国家和民族竞争力不断提高的原动力所在，在科技手段日益发达并不断改变人们的交流方式，知识经济长远发展和内涵更迭的今天，教师专业发展已成为世界各国教师教育研究的重要课题，美国卡内基促进教学基金会前主席强调，教师在教育改革中起着"领导者的作用"，认为"归根到底谁更了解课堂上的情况呢？谁更能鼓励学生呢？谁更能准确地评价每一个学生在学习方面所取得进步呢？除了教师谁能创造一个真正的学习大家庭呢？毫无疑问，教师是搞好一所学校的关键。"很多学生学习不好，并不是因为他们自身的问题，而是因为不喜欢给他们上课的老师，从而对学习产生了厌恶。而有些学生学完优秀教师的课程以后回到家，就开始发奋学习，早晨晨读，晚上还加餐"夜读"，前后变化之大令其父母极为惊讶。其中的奥秘很简单，这是因为学生们喜欢上了教他们的老师。优秀教师的演讲和教学有一股巨大的魔力，让学生产生了深深地依赖，无法自拔，所以"中学语文教师专业理论与教学实践转化"这一课题的研究有着重要的意义。韩愈："师者，所以传道授业解惑也。"语文教师应该具备良好的师德，热爱教育事业，热爱学生，《论语》中说"知之者不如好之者；好之者不如乐之者"，乐在其中，才能投入，有投入的精神，才能成为一位受学生欢迎的好教师。教师不仅是自己学科的教员，而且是学生的教育者，生活的导师和道德引路人，苏联教育家科瓦列夫说："儿童从小就把自己的老师看作他们要努力学习的道德模范，所以教师的道德面貌就起着这样重要的作用，他在课堂内外，学校内外，在社会生活和个人生活中的全部言行，都是给学生做出的榜样。"

新时代对教师提出了新要求：要对新课程实施后的理想状态有所认识。要具有全新的教育教学理念。要具有更厚实的综合文化素养。要具有一定的课程设计与开发的能力。要有较强的组织协调能力。要具有开发与提供丰富的课程资源的能力。语文教师专业素养提升就是教师在掌握心理学和教育学等方面的教育教学所必需的技能之外，成长为具有丰富的语言和文学的知识与技能，具有人文精神,能对学生实施的语言和文学教育的专门人才的过程,教育行政单位和学校有义务推动语文教师的专业化水平不断提高,语文教师本人也必须自觉持续地推动自身的专业化建设。

我们要研究和解决的主要问题是中学语文教师应具备的素养,教学实践转化的对策,以期适应新形势下语文教育教学的要求。

一、语文教师的师德素养

忠诚于人民教育事业的事业心。《中华人民共和国教育法》规定,教师要"忠诚于人民的教育事业"。这意味着忠诚于人民的教育事业,已经不只是个人的意愿、个人的行为,而是全社会对教师的共同要求;同时也意味着这已经是教师群体的共同意志。

语文教师的师德的核心,当人民教师光荣,当一个用祖国的语言文字来培育一代社会主义新人的语文老师更加光荣。当人民教师相对比较艰苦,甚至可以说清贫、清苦、清寒,当一个中小学教师可能比别人更加艰苦、清苦,但是却很神圣。"人有腰缠万贯,我有桃李三千",这是语文教师特有的人生追求与人生享受。他们就是凭着这颗爱心去克服种种困难,去战胜种种偏见的。树立高尚师德,使之提高教师业务素质水平成为其内在的需要与动力,从中挖掘出教师教好书育好人的内驱力,使业务水平的提高具有终生性和长效性,成为自身发展的必需。

热爱学生的高度责任心。热爱学生是教师职业道德的集中体现,是师德修养的根本内容。我们语文界的老前辈叶圣陶先生在《论师、为师、尊师》中说过,"我如果当小学教师,决不将到学校来的儿童认作讨厌的小家伙,惹得人心烦的小魔王;无论聪明的、愚蠢的、干净的、肮脏的,我都要称他们为'小朋友'。那不是假意殷勤,仅仅浮在嘴唇边,油腔滑调地喊一声,而是出于忠诚,真心认他们做朋友,真心要他们做朋友的亲切表示。小朋友的成长和进步是我的欢快,小朋友的羸弱和拙钝是我的忧虑。有了欢快,我将永远保持它,有了忧虑我当设法消除它。对朋友的忠诚本该如此;不然,我就够不上作他们的朋友,我只好辞职。"叶圣陶先生早在二三十年代当过小学语文教师，编过小学语文教材，他面向全体学生，热爱全体学生，关心爱护所有学生，不放弃每一个学生，绝没有一丝一毫的偏爱情绪和不公正对待学生的倾向。他全身心地炽热地爱着学生，这种高尚的师风、师德，真正堪称师之典范。

二、语文教师的专业素养

博学不是一种能力，而是一种态度，一种对所研究课题的好奇、执着、深入、谦虚的态度。语文教师的理论性知识包括，语言学，文章学，文艺学，教育行家与心灵画师，教育学、心理学。中外历史、中外文化、民风民俗、自然科学知识等。语文教师的实践性知识，理论性知识要转化为实践过程中表现出来的实践知识。

语文教师的能力素养笼统地说，就是读写听说能力，善读善写，能说会道。"六一居士"：一口普通话，一副好嗓子，一手好字，一手好文章，一种好的学风和教风，一项业余爱好和专长。

（1）运用教学语言的能力——达意及情的准确性；绘声绘色的形象性，辞约意丰的凝练性。

（2）语文教学能力包括教学设计能力、教学组织能力、教学听评能力。

（3）班主任工作能力包括先进的团队管理理念、班主任专业知识和班主任专业能力。

（4）教学应变能力，又称"教学机智"，是构成教学艺术的核心要素。

三、语文教师的心理素养

很多教师长期觉得自己工作繁重，心理压力大，心理安全感不足，福利待遇缺乏保障，对教育改革不适应等。

热爱教育事业，悦纳自我是教师心理调节提高自身心理素质的前提，提高中小学教师专业素养是我们应该做的工作。寻求人格完善是教师的最高要求。要给学生一碗水，教师自己要有一桶水。提高语文教师的专业素养是每个老师的专业意识。

四、语文教师从专业理论到教学实践的转化

（一）自主发展

教师自主发展是指教师基于个体主动意识和能力而自觉地提高自己，完善自己，达到作为教师的人生意义与价值的自我超越。当前尤其农村语文教师专业发展的途径中最重要的莫过于教师的自主学习，自主发展。教师专业自主发展能力的提高，需要采取一定的管理策略，提升专业的态度和动机，促成自我成长的主观动力。吸取新的教育教学理念和教育教学技术，为教育教学的展开提供可选途径，对比现存教育教学中的问题，发现不足，产生必须不断提高的紧迫性。积极运用多种方式与途径学习，在学习中不断践行，逐步实现教育教学内容与方式多样化、生动化、长效化。在学习和实践中探寻新的出路。

（二）转化路径

（1）加强理论知识的学习，用理论来指导实践，学习教育家的经典名著，学习其思想理念，灵活的创造性地运用在自己的教学实践中，形成自己独特风格。

（2）观察研究名师的经典课堂，分析其课堂教学艺术，在具体实践中是如何落实理论的，站在名师的肩膀上打造自己的经典课堂。

（3）实验法，用自己的实践去践行理论，运用课堂教学的艺术去上每一节课，多让专家进行评课。

（4）文献法，广泛收集整理资料，积累自我转化素材。

（5）经验总结法，通过收集资料，学习理论，实践运用，总结经验，再以微课题的形式理论和实践结合为一体，上升为理论指导实践操作性强的体系。

五、中学语文教师教学实践的策略

（1）定期的分析学生，了解学生学情，为更好地展开教育教学提供第一手资料，有针对性开展教育教学。

（2）对新教师等进行必要的教育教学情况跟踪，掌握教师教学动向，提供提高途径，发布培训信息。

（3）加强教育教学理论学习，用新课程理念指导教学工作。

①学习活动做到经常性。教研理论学习活动，学科组进行统一的安排，在每周教研活动时前20分钟左右的时间专门用于教研理论学习及学习心得交流或举办"教师论坛"活动；由专门处室负责组织教师参加上级组织的各项培训工作。

②学习内容做到专题性。每个阶段，学校确立教研主题及子课题，供教师研究，每次教研活动做到了有计划、有步骤，主题明确、内容充实。在交流研讨中提高全体教师的科研能力。

③学习方式做到多样性。在学习方式上做到集体学习与个人学习相结合，定时讨论与随机交流活动相结合。一方面学校努力为教师创设多种理论学习的渠道，定时安排学习活动；另一方面，积极鼓励教师自主学习，尤其是动员青年骨干教师多读理论书籍，勤做读书笔记，畅谈读书心得。并把个人理论学习情况纳入对骨干教师的考评。

④优化集体备课。学校加强备课组建设，精选教研组长、年级组长及备课组长，单周以教研组为单位开展集体研讨活动，双周则以备课组为单位，进行集体备课。这样可以使合作备课的交流面更深更广，使集体备课更具实效性。其次改进操作方法，由备课组长精心挑选本学期的重点，难点课题，制订集体备课计划，确立中心发言人。每次集体备课先由中心发言人钻研教材，收集材料，精心设计教案，并作中心发言。然后组内成员交流意见，设想自己的教学方案。在此基础上分头上课，再课后集中反思。集体备课我们不追求大家统一，而是让教师相互学习，取长补短，提高教师把握教材，独立备课能力。

⑤分管领导每周进课堂听课、评课、指导不少于两次，及时了解教师教学教改动态。对教师进行面对面的交流，监控教学教改发展情况，一方面使领导与教师之间加强合作探讨，共同熟悉教材、检验教法，积累教学经验；另一方面，也能为教师工作出谋支招，促使学校的课堂教学工作朝着正确的方向和预定目

标发展。

⑥改变传统的教学模式，运用"先学后教，精准训练"教学法，有共同的规律、基本的原则，有一般的操作方法。但是，不同的年级，不同的学科，不同的课型，操作方法也有变动。运用"先学后教，精准训练"教学法要注重灵活，一般采用集中学、集中教、集中练，即一次性的"先学后教，精准训练"，数学、历史等学科教学中常用；有时，可分散学、分散教，最后精准训练，即几次"先学后教"，最后"精准训练"。这是语文、外语等学科教学中常用的。有时，可小步走，学一点、教一点、练一点，即边学、边教、边练，在小学低年级常用。

⑦组织全校教师进行专题研讨。根据学初确定的教研专题开展系列化的听课、评课活动。教导处组织全校教师开展大型听课、评课研讨活动。将市、县级立项课题研究与学校课程改革研究紧密结合，将教研课题，县内教研教改相结合。开展好课题研讨、听课、评课活动，为老师搭建施展才能的平台，使其成为教改路上的先行者。

⑧落实"人人都是培训者，人人都是学习者"的要求，深入开展校本教研活动，打造教师团队，形成组织合力，将教师的个人学习变成团队学习，形成共振效应。学校设置年级组又打破年级组、教研组界限的原则。创新校本教研形式，形成校本教研特色，拓展研究思路，增强研究实效，提高教师素质，提高课堂教育教学质量。

⑨在教师中开展"八个一"教研活动。即：读一本教育理论书；订一份学科教学刊物；上一堂高质量的研究课，构建和形成一个较为成熟的个性化课堂教学模式；写一篇教育教学论文；承担一项校本教研课题；搞一次学术讲座；开展一次培训活动。这样落实"三级培养、以校为本、培赛结合、注重过程"的原则，建立教师专业发展长效机制，以评估促落实，以管理促实施，以活动促提高，创造性开展工作。提高教师素养，进一步促进信息技术与学科课程的整合，每位教师每学期至少制作一件课件，录一节校级公开课。

⑩学生是学习的主体，教学质量最终是靠学生的学习质量来反映的，为此，我们应通过加强思想品德教育，落实学习常规要求，开展学习方法指导，完善

帮扶措施，评选学习榜样等措施，严格管理，营造浓厚的学习氛围，激发学生学习的热情，为提高教学质量起重要作用。本课题的研究，促进了学校教育教学质量的不断提高。

今后我们打算以"做"为中心，通过"精准教学"解决教学过程中的实际问题，让骨干教师领跑，"我带你，你帮我。"任务分解，责任分担，在做中研究，做中学习，做中求进步，全面实施精准管理，精准教学，有效学习，全面提高中学语文教师的专业素养和学校语文教学质量。

新课程理念下，精准课堂教学设计与实施策略

精准课堂是新课程理念下学校发展的必然结果。借助这一思维方式，可以提高课程教学的质量，同时也可以运用到教育教学的各个环节中。因此，在实际教学中，教师就要运用好这一教学方法，满足学生的智慧发展需求。基于此，针对新课程理念下精准课堂教学设计与实施思路进行简要阐述，并提出几点看法。

新的课程理念认为，课堂教学不是简单的知识学习的过程，它是师生共同成长的生命历程，是不可重复的激情与智慧综合生成的过程。随着新一轮基础教育课程改革的不断推进和课堂教学改革的不断深化，课堂教学所呈现出来的前所未有的艰巨性、复杂性，以及教学活动自身的特异性、多变性和不确定性，都对教师洞悉复杂局面、应对复杂挑战的教学品质和智慧水平提出了很高的要求。国家督学成尚荣教授指出："课堂教学改革就是要超越知识教育，从知识走向智慧，从培养'认识人'转为培养'智慧者'；用教育哲学指导和提升教育改革，就是要引领教师和学生爱智慧，追求智慧。"由此可见，让精准唤醒课堂，让精准教学引领教师专业成长，是时代的呼唤，是教师专业成长的需要，是课堂教学焕发生机与活力的契机，也是新时期教育教学改革的重大使命。

一、精准课堂的内涵与特点

1. 内涵

对于精准课堂来说，其提出与发展其实就是学校中教育信息化的必然发展结果。

第一，从教育层面上来说，认为课堂教学不再是简单的知识讲述，而是要

从精细化的基础上来培养学生的综合素养，实现再次生成的过程。

第二，从信息化的角度上来说，就是借助先进的技术手段等来实现课堂教学的信息化建设，创造出良好的教学环境。

实际上，这两种认知是相互关联的，都是借助信息技术来创造出富有活力的教学环境。从根本目标上来说，也可以从知识课堂向综合能力课堂的方向发展。

2. 特点

对于"互联网+"时代来说，就是建立在大数据以及云计算等信息技术基础上的高效能课堂，与传统课堂教学不同，精准课堂在创新与运用上具有一定的特色。

第一，决策上的数据化。对于精准课堂来说，就是要在信息技术基础上做好动态学习数据上的收集与挖掘，帮助学生对学习的全过程以及教学效果等方面进行数据化呈现。只有从过去的教学方法上解放出来，才能保证教学数据的准确，从而掌握好学情，在数据的基础上进行决策，保证教学的灵活性。

第二，反馈上的即时化。对于精准课堂教学来说，可以将动态与伴随式学习评价结合在一起，也就是说要从整个课程教学的基础上出发，实现动态化诊断与评价，其中包含了前期阶段的预习反馈以及检测评价等方面。对于课后作业的评价与反馈来说，可以实现及时与动态化的诊断，这样也就构建出了全新的教学评价体系。

第三，互动立体化。在精准课堂教学中，教学互动更加灵活，教师与学生的交流方式也开始向多元化方向不断发展。因此，在实际中不仅要做好课堂之间的互动，同时还要借助平台等来实现课外交流，实现持续沟通的目标。

二、新课程理念下，精准课堂教学设计与实施策略

1. 精准课堂应营造和谐的学习氛围

精准是植根于爱的，教师不仅要尊重和宽容学生，更要欣赏学生的独特感受和多元见解，不排斥不放弃学生在学习过程中的"节外生枝"。在开放的课

堂上，学生不再是唯唯诺诺、亦步亦趋、小心翼翼。这样民主平等、宽松和谐的学习环境，吸引着每一个学生进行思维的碰撞、情感的融合、心灵的交互，学生的思绪得以飞扬，灵感得以激发，能力得以生长。

2. 精准课堂应讲究教学语言的艺术

一个人在认知清晰性，和口头呈现的清晰性上有着很大的差异，教师的课堂语言或讲话方式就会影响教学内容呈现的清晰度。在工作中时常可以看到一些老师自己很有才华，可惜上的课却并不受学生欢迎。这与不能清晰展开教学有很大的关系。而一些公开课之所以很成功，学生及听课老师们听得很享受，教学语言的精心设计起了很大的作用。

3. 精准课堂要有多样化的教学设计

多样化的教学设计是指多样灵活的呈现课时内容，是"用教材"还是"教教材"？如何用好教材？都应该是教师精心预设的问题。当然，多样化的教学设计还包括使用吸引注意力的技巧，变化提问的类型等。

4. 精准课堂应引导学生投入学习

我们要研究如何增加学生的投入时间，有效引导学生投入学习过程。教师精心设计教学环节、对可能出现的"意外"预先想好对策、对学生的学习及时进行反馈等都将直接触发学生真正地学习。

5. 精准课堂应重视动态生成

"动态生成"是新课标提倡的一个重要理念。教学不应只是忠实的传递和接受知识的过程，更是课堂创生与开发的过程，课堂教学是千变万化的，再好的预设也不能预见课堂上可能出现的所有情况。这种课堂不但要求教师要有随机应变的能力，更要求教师在随机应变中尊重学生的主体性，根据教学进程中出现的新情况，及时调整课前的预设，给学生腾出空间，为生成提供条件，鼓励生成。

6. 精准课堂应追求高效教学

"高效教学"，是要最大限度的发挥课堂教学的功能和作用，在单位时间内，即在课堂有限的教学时间内，最完美的实现教育教学的三维目标整合，以求得课堂教学效益。其显性标志是：课堂教学既要有课程内容选择上的广度和深度，还要有课程实施安排上的密度和适度，更要有课程组织落实上的力度和效度。也就是说，"高效教学"的课堂要做到信息量大、思维含量高，情感培育要真正触及人格与灵魂。

三、结语

总之，在新课程理念下，精准课堂是新一代信息技术与课堂教学深度融合的新阶段、新形态。精准课堂的核心是开发利用各种新媒体、新技术，创设有利于协作探究和意义建构、富有智慧的学习环境，提高教学过程中的数据分析、评价反馈、交流互动和资源推送能力，通过"精准"的教与学，促进全体学生实现符合个性化成长规律的高速发展。

弘扬劳动精神促进教师专业提升的实践探索

习近平总书记指出,"弘扬劳动精神,教育引导学生崇尚劳动、尊重劳动,懂得劳动最光荣、劳动最崇高、劳动最伟大、劳动最美丽的道理,长大后能够辛勤劳动、诚实劳动、创造性劳动。"新时代加强师生劳动教育,是落实立德树人根本任务的重要要求,教师个人专业提升要积极弘扬劳动精神,助力教育事业发展,是一个亟待解决的重要课题。新时代提升教师专业素养与能力要坚持聚焦价值引领、担当意识、问题导向、先锋引领;要坚持立德树人,突出培育广大教师实干素养、创新精神、奉献意识。

一、研究背景

2012 年,教育部下发了文件《中学教师专业标准(试行)》,它是国家对合格中学教师的基本专业要求,具体包括专业理念和师德、专业知识、专业能力三个维度标准(见图 1)。而青年教师劳动精神包括精益求精和注重创新,它和中学教师专业标准相对应。

1. 职业理解与认识　2. 对学生的态度与行为
3. 教育教学的态度与行为　4. 个人修养与行为

专业理念和师德

5. 教育知识
6. 学科知识
7. 学科教学知识
8. 通识性知识

专业知识

中学教师专业标准

专业能力

9. 教学设计
10. 教学实施
11. 班级管理与教育活动
12. 教育教学评价
13. 沟通合作
14. 反思与发展

图 1　中学教师专业标准

社会发展的知识化、学习化环境的形成，课程改革发展对教师的全面挑战，教师研究型教学技能养成的紧迫性，教师职业优胜劣汰机制，教师专业化资格制度的实施，均对广大教师提出了更新更高的要求。基于此情势，有针对、有计划地加大对教师尤其是中青年教师专业成长引领和指导的力度就显得至为重要。

（一）基于社会和时代发展与进步的亟须

马克思主义关于人的全面发展学说指出："现代教育与生产劳动相结合不仅是发展社会生产力的重要方法，也是培养全面发展的人的根本途径和唯一方法。"党的十八大以来，习近平总书记关于劳动精神的一系列论述，闪烁着马克思主义劳动思想的理论光辉，展现着新时代砥砺奋进的新风貌。党的十九大报告提出，建设知识型、技能型、创新型劳动者大军，弘扬劳模精神和工匠精神，营造劳动光荣的社会风尚和精益求精的敬业风气。2020年7月，教育部印发《大中小学劳动教育指导纲要（试行）》，指出"重点结合专业特点，培育不断探索、精益求精、追求卓越的工匠精神和爱岗敬业的劳动态度"。可见，以劳动精神创新开拓新时代劳动教育是实践具有中国特色的劳动教育模式的重要举措。为了应对新时代社会对于人才的新要求，通过专业技能的学习、实践，塑造和加强教师队伍的劳动意识，从而进一步锤炼教师的工匠精神，毫无疑问是教师专业提升的关键目标。

（二）基于教育改革和发展的需要

教育承载着先导性、全面性和基础性的工作任务，完成这一任务离不开一支高素质的、专业化的教师队伍。《国务院关于基础教育改革与发展的规定》中明确提出，"要推进基础教育课程改革，教师培训应以课程改革为核心内容，使教师专业化建设和培训从本质上要适应多样性、选择性的课程结构的内在要求。"教师专业化，已经成为世界教师教育发展的潮流。教师专业化是教师职业具有自己独特的职业要求和职业条件，有专门的培养制度和管理制度。从教师专业化的基本内涵上分析，教师专业既包括学科专业性，也包括教育专业性，国家对教师既有规定的学历标准，也有必要的教育知识、教育能力和职业道德的要求。教师专业发展是一个持续不断的过程，教师专业化是一个发展概念，既是一种状态，又是一个不断深化的过程。教师职业的专门化既是一种认识，更是一个奋斗过程；既是一种职业资格的认定，更是一种终身学习、不断更新的自觉追求。教师职业有自己的理想追求，有自身的理论武装，有自觉的职业规范和高度成熟的技能技巧。教师不仅是知识的传递者，更是道德的引导者，思想的启迪者，心灵世界的开拓者，情感、意志、信念的塑造者。教师不仅需要知道传授什么知识，而且需要知道怎样传授知识，知道针对不同的学生采取不同的教学策略。教育大计，教师为重。没有教师的发展，就没有教育的发展，高素质的教育取决于高素质的教师，提高教师素质的关键是加强教师专业化建设。教师作为新课程开发的主体，在新一轮课程改革中将面临巨大的挑战。新课程对教师在专业技能、专业精神、专业情感方面，都提出了全新的要求。新课程要求教师有崇高的职业理想和职业道德，有宽厚的知识和实践技能，有先进的教育教学理念，有娴熟的组织与监控教学的能力，有民主、平等、文明的师生关系的经营能力，有健全的人格特质。在新一轮课程改革中，教师的教学行为和方式将发生革命性的变革。如此之高的专业发展要求，对有相当丰富教育经历的教师尚且是个难题，对刚参加工作的青年教师而言，困难就可想而知了。而学校教育教学现实又急需青年教师加快其专业发展进程，尽快胜任本职工作。在这个意义上，如何让青年教师尽快胜任本职工作，如何使青年教师与新课程一起成长，就成了目前学校管理工作中不容忽视的问题。相对于青年教师而言，中年教师的专业化水平结构无法自发生成，它同样需要有目的、有计划、有组织的培养。

（三）基于学校可持续发展的需求

近些年来，许多学校在办学规模急剧扩张的同时，教师队伍后备力量的建设呈现相对滞后的状况，相当一部分学校的教师年龄结构呈现明显的"年轻化"倾向。以我校为例，现有教职员工56名，其中45周岁以下的中青年老师便占了41人，中青年教师占比73.21%。

青年教师精益求精精神亟待提高。有的青年教师为了追求物质方面的享受放弃了对自己研究方向的专注，也不能静心打磨自己的课堂教学；有的青年教师因为职业教育内容难度的浅显和授课对象的特殊而放弃追求知识内容的深化和变迁。青年教师创新精神亟待强化。有的青年教师一味地追求成果的数量和各种荣誉，却忽视了学术的创新性；有的青年教师照搬照抄，生搬硬套，不去创新课堂，使得课堂氛围越来越差。针对此种现状，如果不对这个群体进行很好的引导，给老师们加压发展自我的任务，创建提升自我的平台，帮助他们健康成长，从而打造出一支强有力的师资队伍，那么学校在同类学校中将毫无竞争力，也无法在新的教育形势下有更高的立足之地。在此背景之下，我们提出了"弘扬劳动精神促进教师专业提升的实践探索"这个课题。

二、核心概念界定

劳动精神：劳动者为创造美好生活而在劳动过程秉持的劳动态度、劳动情感及其展现的精神风貌。劳动精神内涵丰富，意蕴深刻，包括勤劳勇敢、爱岗敬业、诚信为人的实干精神，包含锐意进取、建功立业、甘于奉献的奋斗精神，也蕴含精益求精、执着专注、追求卓越的创新精神。

教育科研：在我国是指各级学校（主要指中小学）从学校发展的实际需要出发，就教育教学所存在的突出问题以一线教育工作者为主体，通过一定的研究程序取得研究成果，并直接用于学校的教育教学从而提高中小学教学质量以及教师的专业化水平的研究活动。

教师专业化：包括宏观角度上的教师职业专业化和微观角度上的教师个体专业化，即教师专业化既是教师个体专业水平逐步提高走向专业化的过程，又是教师这一群体为争取实现教师这一职业达到专业地位而进行努力的过程。由于教师专业化建设的内容十分丰富，课题组查阅大量资料发现：对教师专业化的蕴含范畴认识上不很统一。经过反复讨论，我们把教师专业化的内涵分解为五个部分：①具有崇高的职业理想和高尚的职业道德。②具有宽广厚实的知识和良好的教学技能。③具有先进的教育教学理念，较强的科研意识与能力。④具有娴熟的组织与监控教学的能力。⑤具有民主、平等、文明的师生关系的经营能力。

三、研究目标

在课题实践中，学校为中青年教师搭建促进专业化发展的平台，用集体的力量引导教师走上个人与集体共同成长的道路。具体做到：深化中青年教师对教师专业发展内涵的认识，引领教师队伍的全面建设；研究教师专业发展的具体途径与模式，对学校开展工作提供理论与经验的支持；研究教师专业发展的行动策略，为学校与教师开展校本研修提供指引；研究教师专业发展面临的具体问题与有效的解决策略；研究教师发展性评价如何促进教师的有效发展等。

四、成果成效

（一）调查分析广大教师专业成长现状及创新程度

尽管近些年来，教师专业化研究取得了很大的成绩，但也存在着一定的局限。首先，就量与质而言，成果多而且杂，缺乏有效的整合。许多论文一哄而上，坐而论道，泛泛而谈，论多证少，甚至有论无证，思辨性研究较多，难以产生"教育生产力"。其次，许多成果主要集中在"名师"研究上，对面广量大的普通教师尤其是处于成长中的"成长型教师"关注不够，尤其是农村学校，更是研究的边缘地区。

针对以前的局限，本课题的研究立足于本地区、本校，不仅针对性强，而且是在实际工作中去操作探索，避免了空有理论，缺乏实际验证的问题，如果取得成果，对其他同类学校具有很好的借鉴意义。

（二）课题研究的意义与价值

课题的研究从学校实际、教师实际出发，让教师在教学中实践，在教学中成长，在教学中发展。教师专业提升是一个动态的学习成长过程，能使教师更好地提升自己的教学基本功、教学技能和专业素养，进而促使教师教学经验、教学能力的提高。

（三）形成弘扬劳动精神促进教师专业提升的基本策略

1. 求真务实，促进教师职业道德提高

通过开展座谈会、理论学习、观看视频、演讲比赛、师德先进评选等活动，让教师树立爱岗敬业、乐于奉献、勤于研究意识。

虎中研修茶座营造出的宽松自由的研究氛围，让大家在"品一品，尝一尝，聊一聊"中探讨课改中的"疑点""难点""热点""焦点"话题。每次我们就一个课改话题展开讨论，不强求统一的结论，旨在开阔思路，引导思考，加深教师对某一问题的认识，寻求更多的教学策略，探索课程改革中的新方法、新模式。

如以"合作学习大家谈"为主题的教学沙龙，教师们围绕着"真正意义上的合作学习有什么特点""如何开展有效的合作学习你有什么金点子""目前实施过程中你有哪些困惑"等问题进行自由发言。通过交流，教师们加深了认识，形成了新的教学策略，收集与交流了许多信息与资料，用于指导教学实践。此种教研活动特别适用于教师不易理解或存在争议的问题的澄清，或是对教学最优化的讨论。我们语文组每周二的教研活动时，常把自己教学和管理上不懂的拿出来相互请教，一般都能在当时得到解决。

2. 自主研修，促进教师专业成长

（1）在经典阅读中实现与教育教学大师的时空对话。

教师的专业成长需要理论的提高，没有理论支撑的实践是盲目的实践。首先，教师可以根据自身的需要，选学一些教育理论经典书籍，特别需要经常读一些大师作品，比如李镇西的《做最好的老师》，魏书生的《教学工作漫谈》、《班主任工作漫谈》，从中学习如何高效教学，如何管理课堂、班级。其次，教师的专业成长还需要了解学生的心理。教育名家推荐过几本不错的家庭教育书，里面讲述了很多孩子的通病及处理方法，比如杨杰的《我身边的家庭故事》和《让孩子心悦诚服》、尹建莉的《好妈妈胜过好老师》。这些书真的很棒，尤其是我们老师也该多阅读此类书籍，一来家长求助时知道解决孩子问题的策略，树立自己的可信度，二来帮助孩子成长，知道孩子心中所想更利于教学。

多读书才能提升自己，才能有更多更新的知识来面对学生提出的各种问题。在有阳光的午后，在春雨绵绵的假日，在万籁俱寂的夜晚，读书的日子会很宁静，也会很浪漫。与大师平等对话，与另一个自我赤诚相见，你的眼光会变得平和，你的内心会变得坦然，你的生活会更加丰满，你的思想会更加成熟。同时，在看书、读报时，要特别关注那些与教育、教学相关的文章，好的文句要做一些笔录，好的文章可以把它剪下来做成剪报收藏好，并且在有空的时候经常翻出来看看，以使自己经常受到激励和启迪。这个是名师们喜欢并且坚持的。

曾国藩说过，一个人的气质本难改变，唯读书可变化气质。古语说"腹有诗书气自华"，没有人容颜不老，吾愿伴随着皱纹增长的是知识和气质而不是满腹牢骚。

（2）实践与反思相融合，以教学反思促进教师专业化成长。

学校根据实际，结合教师的特点，指导教师选择教育教学经典专著和班主任专业书籍，进行批注和摘抄，要求教师书写读书心得和反思，鼓励教师进行研究和反思，撰写教学体会和教学反思。指导教师上完一课之后，及时分析总结这一课的成败，重新认识和做出评价。肯定成绩，找出存在问题，分析具体原因，及时提出改进教学的措施。反思内容涉及教学工作的方方面面。它包括对教材内容的取舍或补充，对课时计划的安排，对教学目标的确立，对教学策略的抉择，对教学重点难点的确定，对教学内容的组织，对教学程序的编排，对教学方法的选择，对教学媒体的运用，对教学现象的分析，对典型问题的探讨，对学生学习的设计，对学生反映的思考，对教学效果的检评等。这些内容，可根据教学的实际情况，择其一二进行小结，或批注点评，或连缀成篇。教学反思的形式不拘一格，常见的有：批注式、提纲式、摘记式、随笔式。教学反思的类型有：小结得失型、反馈信息型、探讨问题型、分析原因型、拾遗补漏型、纠正过失型、取长补短型、研究学生型、拓展扩充型、抓住"亮点"型。教学反思要做到迅速及时、实事求是、有的放矢，否则就会失去灵魂，失去价值。

每次考试，要就考试内容做一次反思，包括优秀率、及格率、平均分，考试题型、试卷完成情况、知识点的掌握情况等。同时要就这些问题提出问题解决策略及培优补差计划，以便取得更好的成绩。

常态化的教学反思促使青年教师尽早成长为学校或更高级教育教学骨干，让中年教师由经验型教师向专家型教师转变。

3. 校本教研，以团队协作促进教师能力提升

发挥年级组和教研组的优势，开展学科间的集体备课活动，教研组组织课程标准学习、学科组老师的经验交流，进行听评课活动，积极开展"课案分析、教育叙事、案例研讨"等形式校本研修和主题研修，把教育教学中遇到的"小问题"作为研究内容，以行动研究为主导。

（1）课题研究。

目前，低年级语文组已经确定了研究方向：一年级的趣味绘本写话；二年级的识字闯关，二年级的课题研究反馈效果还不错，也切切实实减轻了老师的识字教学负担。一年级的识字是否可以借鉴这种方法，曾经想过把当日生字做成卡片贴在教室里，但是想想撕下来时会弄坏墙壁也就没有实施了。又或者按学习小组，把任务分下去，每个学习小组整理一个单元的识字卡片，或许可以试试。

课题研究的优势在于：研究的问题来源于教师、教学之中，以"面对真问题，展开真行动，获得真发展"为目标，教师兴趣浓厚，参与热情高，可以有效地促进教师对教育规律的认识、教育技巧的把握，强化教育科研的能力。

克服了以往个人课题盲目性、随意性。可以以学科组、年级组、教研组为单位开展研究，可以三人五人自由组合成"志同道合"的研究组，将零散的研究整合起来，将"单兵作战"变为"集体攻关"，把培训、教研、教改相结合，培养教师团队协作的精神，使学校真正成为一个教科研的实体。

课题组老师共同探讨，交流与分享，得到大量的信息，共同感受成功与困惑，整个过程就是组内成员一个互助互学互进的过程。

（2）案例研究。

案例研究以某一具体的课为研究对象，重在对课本身的"改进、优化和提高"，从而给出"问题解决"的示例的一种研讨活动。案例研究把先进的理念通过课例为载体进行研究，强化了教师实践智慧，发展了教师反思能力。研讨内容包括：教师设计＋教学实录＋教学反思。展开方式有：一人同课多轮、多人同课循环、同课异构、互动式观课、诊断式观课、反思式观课。让教师始终以研究的眼光审视、反思、分析和解决自己在教学实践中的问题，改进教学行为。比如，在进行《称象》教学研究时，同组三名教师都选同一内容上课，第一位教师上完课后集体评议，大家肯定优点，分析问题。第二位上课的教师通过比较及反思，根据新情况对自己原先设计好的教案进行调整，课上完后，再进行评议。第三位教师根据前两位教师上课的情况，对自己的设计进行重新审视、调整，然后上课、评课。这样，同一内容三位教师上出了不同风格，其教学结构及方法有了很大的改进。"一课三人上"是组内所有人员围绕一个课题发挥各自特长，执教者个体反思，辅以同伴互助来逐渐改变自己的观念和行为，形成自己独特的教学风格。二年级的语文老师已经在运用此种方法，效果很好，我们可以借鉴。

4. 规划成长目标，促进教师专业素养提高

（1）依托县校规划，确立个人成长目标。

引领教师对自己的专业成长做一个发展规划，敦促自己主动地将外在的公共资源内化为自有资源，并通过实践、反思、总结，形成自己的教育理念和行之有效的策略，指导自己的教学实践。鼓励教师确立个人成长梯级目标。积极组织青年教师开展素养提升活动，以学校的教师全员赛课为依托，大力开展青年教师的听评课活动，师徒结对的帮带活动，提高素质的教学基本功活动，结合教研组开展多种形式的优质课、示范课和观摩课，中年老师和骨干老师的引领课，青年老师的展示课等赛课活动。给中青年教师搭建平台，开展"读书交流、说课比赛、优质案例评选、课堂教学擂台赛"等多形式的展示活动。

（2）公开课是教师快速成长的催化剂。

我们学校有一名刚走上学校教育道路的语文教师，到学校工作两个学期，每个学期上一堂公开课。第一个学期上的是第一课时，整体评价都不错。这个学期上的是第二课时，阅读课文。自己没有做好充分的准备导致此次公开课不太成功。反思后她的心得是——一定要多去观摩别人的课堂,借鉴别人的经验。她立刻理出个人听课计划:5—7年级的语文课我都要去听一听,一篇完整的课,有经验的老师的识字写字是怎么教的重点在哪里,阅读分析是怎么教的重点在哪,作文是怎么教的,课堂管理是如何进行的。总而言之,学习得越多,提升空间越大。

"如果没有公开课,教师的专业成长是缓慢的",经过公开课的打磨,教师对如何把握教材、如何把握学生、如何设计课堂的每一个环节就会变得十分清晰,上完课以后,也可以从评课老师那里反馈自己的优点与不足,多了一份专业引领。上过公开课的教师一般都有这样的体会:辛苦,但收获良多。

5. 网络研修,为教师个人持续发展搭建平台

以名师工作室、虎中研修茶座、学科教学群组等网络平台,进行研修成长。充分利于学校的优质网络资源,指导中青年老师利用山东省教师教育网、名师工作室、虎中研修茶座、学科教学群组,进行线上线下相结合的学习和交流,共享最新的教育理念和教育资源。倡导中青年老师通过搜索在全省或全国建立本学科的交流群组,引导老师注册博客、个人公众号,鼓励他们进行书写教学日记,记录教育教学成长足迹。

优秀教师大都常在网上看教育名家的博客或公众号,教师乐于在教育博客或公众号上记录教学经历和教学心得,乐于反思、学习与自我完善,乐于欣赏自己的才华、成就与发展,使新课程引发的学习、交流的需要与教师主体意识融为一体。教师可以随时随地以文字、多媒体等方式将自己日常的生活感悟、教学心得、教案设计、课堂实录、课件等上传发表,促进教师个人隐性知识显性化,让全社会可以共享自己的知识和思想。通过访问其他教师的博客,看到发生在别人课堂上的事件及他们的思考,进而开始以一种审视的目光来看待自己的教学,去思考其中的问题与困惑。同时,可以有效实现同行之间信息资源的共享,借鉴和效仿新鲜的教育教学信息,减少许多重复性的工作。写博客、建立公众号将自己的知识与见解与人共享是一种快乐,就算别人指出你的不足和缺点也是一种收获。

6. 专题培训、报告会，提供教师专业成长的快车道

教师培训是促使教师专业快速成长的有力措施，要想使培训有力、有效，最重要的是使培训贴近教师的工作实践，使培训能真正满足教师的有效需求，尤其是最需和急需。这样才能有效地调动中小学教师接受培训的积极性和主动性，提高他们的学习兴趣。我校组织的两次"我与名师同课异构"教研给我的启发和思考还是比较大的。县城里也常有公益讲座，可以去学习学习。网络上也有大量的公开课、优质课视频，尤其是王崧舟老师的课堂非常有范儿非常精彩。

学习是教师专业成长的"加油站"，广大教师只有不断地学习，充分为自己"充电""蓄能""吸氧""补钙"，才能源源不断地接受源头活水的补给。总有教师总觉得青春流逝得太快，到头来，自己根本想不起这一年收获了什么，我们教师应该愿意用时间金钱汗水去换取知识和技能。

通过市级、省级和国家级教育机构对中青年老师进行实地培训。结合"山大教育集团—利津教育共同体"平台进行的各类教师培训，鼓励老师参加继续教育培训和各类的国培、省培等形式的网络在线培训，让一些中青年老师走出去，到名校去跟岗学习，把全国最先进的教育教学思想带回学校并在学校老师中传播和发扬。

五、问题与思考

教师专业成长存在多方面的影响因子。在研究过程中，须不断思考两个问题：如何提高教师的主观能动性，激发教师自身对专业发展的需求？怎样才能引领教师将日常"研究"化零为整，切实教给教师开启自我发展之门的"金钥匙"？

（一）激发教师自身对专业发展的需求

自新课程实施以来。每位教师经历的各级各类教研活动及培训不算少，但是说起效果往往是："听的时候感到激动，下来觉得没法行动"，总有一种隔靴搔痒之感，不能解决教师个人的"实际问题"。因此，大规模的教研活动，特别是培训慢慢就流于形式化，甚至在教师高压力的生存状态下变相成为一种负担等等，究竟怎样才能帮助教师实现自身的专业水平的提升呢？对此，众多的研究都表明，"教师发展必然是在教师工作的现场中取得的，除此之外，没有更好地促进其成长的办法"。因此，教师要获得教育教学的真功就必须在课堂上练就。可以通过一些名师成长案例，引导教师理解教师专业化发展的路径——要用心于自己的课堂，捕捉发生在课堂上的点滴变化，反思问题所在，积极寻找解决之道，在尝试改进的基础上积累自己应对课堂的经验和策略。

（二）落实行为跟进，切实教给教师开启自我发展之门的"金钥匙"

教师即研究者的观念已被不同层面的专家在不同的场合予以宣讲。但是，作为教学一线的教师许多人并不知道自己在做研究，即便知道自己是做了一些研究；也无从评价自己研究价值的大小。甚至谦虚地否认自己研究的价值。他们中绝大多数所做研究的初衷就是当一名好老师，教的知识学生好接受，能考好成绩，为此，他们挑灯夜战，寻找好的表达、例子、比喻、思路、解法。创设贴近学生经验世界的知识生发，应用情境，分析学生错误概念产生的原因及纠正的方法等。他们所做的这些研究，随着时光的流淌都变成了个人经验长河中的一个片段，但由于缺乏对它们的整理、提升，就像一些散落的珍珠——找不到恰当言语来清晰表达隐性知识。这就使很多教师从宏观上表述他的研究时，有点茶壶里煮饺子说不出来，但具体到某一知识点的处理上就滔滔不绝。

面对这种现状，不妨将教师按照5年以下，6至10年，10年以上进行职业生涯阶段的划分：5年以下是适应期，此期间，教师逐步开始适应学校教育教学的现实，处于经验积累阶段。6至10年的教师是成长期。这个时期，教师已经能够较自如地应对学校的教育教学现实，处于教师教学知识和个人教育观念趋于成熟的时期。10年以上的教师是成熟期的教师，随着教学实践经验的不断丰富。对学科知识的框架，学生学习的特点，学生学习知识可能遇到的难点、容易形成的错误理解，学科知识的重点和突出重点的策略，对学生学习方法的指导，与学生实现互动的技能和激发学生学习情趣的策略等等，逐步形成一套行之有效的动态施教模式，开始形成与众不同、与他人有别的教学风格。

要针对不同阶段的教师予以不同策略的专业发展引领。比如适应期的教师发展的重点是尽快了解学生对重点知识学习过程中的学习障碍及可能的攻克途径与方法，做一些针对性较强的研究，比如搜集某一知识点学生出现的错误。进行学生层面的错误成因调查。再向成长期和有经验的同事、专家教师请教不同错误的应对策略，并加以整理，在今后的教学中加以尝试，进而形成自己的认识。成长期的教师则需要通过广泛阅读教育名著、专家教师成长的经历、学科教学期刊、观摩优秀教师的教学来进一步塑造自己对教育的观念、信仰。对成熟期教师主要进行基于教学问题而开展的修正教学行为的行动研究。总之，对无论哪个阶段的教师都要采用行为跟进的方法，让不同阶段的教师做实实在在的研究，真正体验研究带来的乐趣、成就，使教学研究逐步变成教师生活的常态。

后　记

时间如白驹过隙，不知不觉间，桃花又红了，柳树又绿了。时光的脚步从不停歇，在我们一边工作一边休闲的生活中，新的一年已经到来。在过去的时光里，我也曾记录了自己的许多教育实践。

翻开日记，在或长或短，或多或少的文字里，我回顾、寻找着这些年里自己的教育足迹。一番梳理下来，才发现原来这些年中，自己也做了许多探索，也有了许多收获。

从去年底至今年初，写作这部书稿花了我三个多月，而积累这些素材则用了二十几年。回顾旧时的文章，往事历历在目。一路走来，我要感谢那些一起陪伴我前行的人们。

感谢纯朴的学生。每一届学生，都能给我带来不同的感受、不同的经历。在与学生们打交道的过程中，我的教育教学能力也在提升。当然，在与学生们共同成长的过程中，我也不断享受着那些点点滴滴的幸福。一个热情的拥抱，一张温馨的贺卡，一颗甜甜的奶糖，一个红彤彤的苹果，一小瓶清润的金银花饮料，一盒酸奶……学生们的爱，更让我感动。只为这些点滴幸福，我也要微笑生活，用爱呵护孩子们的成长，让孩子们拥有多姿多彩的中学校园生活。

感谢友善的同事。初出茅庐时，有年长老师的关照与帮助，让我的教育生活充满了温馨；与年轻老师的互学与共勉，让我不断地进步。平时在遇到教育难题时，我们一起切磋，一起探讨，共同进步。碰到新问题，我时常会向一些同事请教，他们也总是很热情地给予帮助。我也会默默地向许多同事学习，他们的带班育人方法都值得借鉴。每个人都有值得学习的地方，都能给我带来启发。

感谢睿智的网友。在互联网时代，我们的交流更加便捷。网上也有许多志同道合的朋友，我也可以向他们学习。而且在网络里，我还可以和许多名师、学者倾心交流。如何培养学生的自主管理能力，如何做好班级文化，如何渗透德育工作，如何开展班级活动，如何制作班级微电影，如何引导有效阅读，如何进行教育写作，如何在网络里提升自我，如何带领工作室团队共同提升等，这里会有许多优秀的老师、专家或编辑带来奇思妙想，闪现智慧火花。

感谢至亲的家人。在忙碌的教育生活里，家人们给我带来了欢乐，带来了幸福。老师常常早出晚归，家里的许多事情都来不及去做，家人的支持会让我十分轻松。老师的工作不论时间，随时都可能要开展，家人的理解会让我十分安心。假期里，我和先生经常带孩子去图书馆看看书，去野外爬爬山，去公园里走走，放松放松心情，舒活舒活筋骨，其乐融融。教育是相通的，如何与孩子相处，便也如何与学生相处，感悟越多，快乐越多。

一路走来，感谢所有陪伴我前行的人们，让我的生活如此充实，如此有意义。其实，我一直以来都想把自己的教育思想与教育实践写下来。自从去年5月份开通了自己的个人公众号，我努力让自己养成良好的思考与总结的习惯，另一方面也督促自己去更好地写作。不知不觉间我把过去的这些文字都整理了出来，期待与更多的读者朋友分享。

光阴荏苒，不负韶华。希望这一份书香，能给您带来一缕阳光。也希望您能在此书中摄取到所需的营养，以更好地帮助同样热爱教育的您，那就是对作者最大的奖赏啦。

李志叶
2022 年夏